最速で
おしゃれに見せる方法

ファッションバイヤー
MB・著

扶桑社

はじめに

「おしゃれに見える」と人生は変わる

「おしゃれに見える」と人生は変わります。これは決して大げさに言っているのではなく、例えば、女性と話すときに気後れしたり、雰囲気のあるレストランで店員に声をかけるタイミングをためらったりということは誰もが思い当たるはずです。堂々と振る舞うことが〝カッコイイ〟とわかってはいるものの、ちょっとした自信がないばかりに行動が伴わないことは往々にしてあります。

しかし少なくとも、自分が「おしゃれだと思われている」という自信があれば、堂々と振る舞える場面は増える、とお約束したいと思います。

「外見で自信をつけるなんて論外だ。人は内面」と批判する人もいるでしょう。ただ、人は外見で判断しています。警察官の制服を見れば警察官だと思います。

消防隊員もしかり。スーツを着ていれば「仕事かな？」と無意識のうちに認識しています。どんなにきれいごとを言っても、人はまず外見で判断するのです。かといって「内面から立ちのぼる美しさや雰囲気」を否定しているわけではありません。

しかし、外見に影響を及ぼすような内面のカッコよさは誰しもが簡単に得られるものではないでしょう。であるならば、まずは「見た目の自信」をつけることが早道です。「外見のカッコよさ」には一定の法則があり、誰しもが簡単に得られるのですから。

新しい洋服を買ったらすぐにでも街に出たくなりませんか？　鏡を見て「これ似合ってる！」と思った経験があるならば、周りの人や好きな人に見せたくなるでしょう。そんな服を毎日着ていれば、自分に自信がつき、女性に対してオドオドすることは減り、レストランで気軽に店員を呼べるようになります。「おしゃれ」であることは人を活発に、行動的にします。

私自身、洋服のことがよくわからなかった中高校生のころは、「美容室に行ってみたいけど怖いから理髪店にしよう」とか、「あの洋服屋に入ってみたいけど、怖いからやめよう」にはじまり、「あの子が好きだけど、相手にされないだろうな」といった具合に、引っ込み思案の塊でした。

しかし、それもいつしかおしゃれに目覚めることで、背筋が伸び、「たかが洋服」で自信がつき言動にまで変化が現れたのです。「たかが洋服」で人生がより豊かになるのであれば、思い切って変えてみるのも手です。

誰もが背筋を伸ばしてカッコよく女性をエスコートしたいはずです。誰もが堂々とレストランや美容室などおしゃれな場所に足を運んでみたいはずです。たかが外見のことでそれらを諦めているのだとしたら、こんなにもったいないことはありません。

外見に自信をもたらす「おしゃれ」は決して難しいことではなく、お金もセンスも必要なく、ただ「論理を知ること」です。おしゃれの方程式とも言える論理を知れば、数式のように明解に答えを導くことができます。


もう一度繰り返します。「おしゃれに見える」と人生は変わります。また「おしゃれ」はとても簡単なので、あなたがおしゃれに見せることをためらったり、拒む理由は少しもありません。

「おしゃれの教科書」をつくりたい

改めまして、メンズファッション専門のバイヤー、そしてファッションブロガーとして活動しているMBと申します。これまでバイヤーとしては100以上のブランドとお付き合いさせていただき、またブロガーとしては、『現役メンズバイヤーが伝えるオシャレになる方法 KnowerMag』というサイトを運営しています。自己紹介もかねて、最初に「なぜ本を書こうと思ったのか」について述べたいと思います。

私には中学生のころ洋服に興味を持って以来、抱き続けてきた疑問があります。それは、「なぜファッションには教科書がないのか」ということです。素敵な服を着て「おしゃれに見せたい」と願いながらも、ノウハウを記した書物や情報に出合ったことがないのです。その理由については、chapter1で説明するのでここでは触れませんが、私は学生のころから「あの人おしゃれだね」「あの人カッコいいね」という会話が不思議でなりませんでした。

「おしゃれには十人十色の価値観がある」とか「本人のセンス次第だ」といかにも感覚的で、生まれ持った才覚で構成されているかのように語られているのに、なぜ「あの人はおしゃれだ」と皆一様に評価する人が存在するのでしょうか。

「ほとんどの人がおしゃれだと思う服装、着こなし」が存在するのであれば、当然「おしゃれに見せる一定の法則」があってしかるべきです。

しかしなぜか「おしゃれの教科書」は存在しません。

……ないのであれば自分でつくってしまおう。そう20歳のときに決意しました。以来、洋服に関する情報をノートに手書きし、パソコンに打ち込み、書き留める習慣を課し、アルバイトとして働いていた洋服屋では無理を言ってバイヤー向けの展示会に連れていってもらい、バイヤーはもちろん、モデル、スタイリスト、デザイナーなど多くのプロから話を聞き、聞いたこと覚えたことをとにかく徹底的に整理整頓していきました。学生時代の思い出といえば、洋服のことしかありません。

大学卒業後は、念願のアパレル業界へと進み、ショップスタッフを振り出しに、店長、複数店舗のマネジメント、バイヤー、さらには大学で学んだマーケティングや独自開発した手法を活用してＥＣ（通販）サイト事業部を社内ベンチャーで立ち上げ、ゼロから短期間で数億円の売り上げを達成することができました。その後は、アパレルショップのコンサルティング業やＥＣ管理運営の代行業、プロバイヤーなどの事業を経て、独立に至ります。

アパレル業界に身を置く傍ら、「おしゃれの教科書」づくりに、ますます情熱を捧げ、毎晩仕事のあとはスターバックスで情報をアップデートする、という日課を休むことなく何年も続けました。その結果、資料は膨大に膨れ上がり、おぼろげながら「おしゃれの教科書」の全貌が見えてきたのです。

その一端を体系化したものが、２０１２年よりはじめたＷＥＢサイト『Kno

werMag』です。毎回1000～2000字程度の記事をアップしたところ、多大な反響があり、たった半年で19記事しか更新していないにもかかわらず、月間30万PVに達し、毎日山のように「こんなサイトを待っていました！」「もっと読みたいので更新をお願いします！」といったメールをいただくようになったのです（あまりにも多くメールをいただくのでアドレスを非公開にしたくらいです）。

2014年には「さらに深い情報をブランド名や具体的なオススメを誰にも邪魔されることなく発信したい」と考えるに至り、クローズドな環境であるメルマガという形式で『最も早くオシャレになる方法　現役メンズバイヤーが伝える洋服の着こなし&コーディネート診断』を配信しはじめました。WEBサイトが「論理編」であるとするならば、メルマガは「実践編」と位置づけています。

例えば「このロジックを使えば、ユニクロのこのアイテムとこのアイテムでこんなふうにおしゃれに見せられるよ」といったように、より具体的な指南を行っています。こちらも大反響をいただき、メルマガ配信では日本最大手の「まぐまぐ」で、常に増加部数ランキングでトップ3に入り、スタートからわずか1年足らずで有料メルマガ部門の人気ランキング4位（2015年8月時点。

配信数に応じたランキング）となり、２０１４年度の「まぐまぐ大賞」も受賞しました。

執筆活動が広がるなかで、『日刊ＳＰＡ！』をはじめ、『メンズジョーカー・プレミアム』『たかが洋服のことなんです』、ＷＥＢマンガ『服を着るならこんなふうに』の監修、ニコニコ公式チャンネル『ＭＢチャンネル』での動画配信などなど、執筆依頼、出演依頼が増えていきました。

執筆のほかにも、オリジナルレーベル「ＭＢ」を立ち上げ、ファッションアイテムの製作もはじめました。第1弾となる「ＭＢスキニーパンツ」は発売開始5分で１００本を完売。また、都内で開催したトークイベントでは限定50人にもかかわらず15分で２００の応募をいただくなど、「おしゃれの教科書」を提案するということに、これほどまでの需要があるものかとひしひしと肌で感じるようになりました。

とくにメルマガは多くの人に「わかりやすい！」「おしゃれってこんなに簡単だったんだ！」「雑誌はもう買わなくてもいい」といった感想から、「彼女ができました！」「おかげさまで結婚できました」といったような嬉しい報告まで頂戴していています。

そして本書は、まさに私が中学生のころから思い描いてきた「おしゃれの教科書」であり、「論理」だけではなく「実践」までも網羅した内容になっています。「全日本人男性必携の書」と言っても差し支えないでしょう。私のコンテンツの主要読者層は30代なのですが、中学生はもちろん、40~50代の方であっても活用可能な内容になっています。

おしゃれとダサいは紙一重

さてここで、「おしゃれの教科書」がなぜこれほどまでに必要とされているかについて、簡単に述べておきたいと思います。

洋服屋に行けば、ショップスタッフはおしゃれに見せるためには高い服を買わなければならないかのように振る舞います。雑誌やブランドは毎シーズン新しい洋服を買わなければ流行遅れになると主張しています。……しかし、決してそんなことはないのです。

「何を着てもサマになる人」がいます。例えば、それこそ洋服を生業としているショップスタッフにも多く、どんなショップに配置されても、どんな服を着ても、ある程度サマに見せるワザを持っています。

実は、「おしゃれ」と「ダサい」は紙一重で、「見せ方」や「着こなし方」などサマに見せるワザを論理的、または感覚的につかんでいればいとも簡単である一方、いくら高級ブランドで身を固めても、ただの「ダサい金持ち」にしか見えない人がいるのです。サマに見せるワザを体得した人であれば、全身ユニクロでも「おしゃれに見せる」ことができるのに……。

むやみに流行を追わずとも、無駄にお金を使わなくても、誰もが着こなしのロジックでおしゃれに見せることはできます。しかし、ロジックを知らなければいくらお金を使ってもパッとしません。使うアイテムが同じであっても印象はまったく異なります。「法則を知る」たったそれだけのことで、「おしゃれ」と「ダサい」はオセロのように入れ替わる、本当に紙一重といっていいものなのです。そして、そのことに気づいたメルマガの読者やサイトのユーザーは心の底から「知ればこんなに簡単だったのか！」と驚くわけです。

日本人のファッションはアメカジに寄りすぎている

私は本書や、サイト『KnowerMag』およびメルマガで日本人のファッションを変革するつもりでいます。

というのも日本人は洋服を着はじめた歴史が浅く、本場ヨーロッパに比べて着こなしが身についていません。右も左もわからない状態と言っていいかもしれません。

人はものごとを知らない間は、既成概念に頼ります。着こなしも同じで、例えば「A店で買ったシャツはA店で買ったパンツに合わせよう」とか、「アメカジはアメカジで合わせなきゃ」とか、「スラックスには革靴」などなど、きっちりスジを通そうとします。

しかし街で着る服は、通り一遍ではいけません。後で詳述しますが、街着とはミックスの文化です。スポーツ用につくられたジャージや、軍用につくられたミリタリージャケット、ワーク用につくられたジーンズなど、それらを織り交ぜたミックススタイルこそが「街着」なのです。

反対に、全身スポーツ用の服であれば競技者であり、全身ミリタリー服であれば軍人になります。それらは決して街着ではありません。実は知らないからこそ頼ってしまう「カテゴライズ」に、おしゃれの罠が潜んでいるのです。

そして、最大の問題は戦後に洋服を着るにあたって、日本人はアメリカの影響を受けすぎているということです。

アメリカンカジュアルに依存しすぎなのです。

カジュアルウェアとして、ヨーロッパライクなドレスシャツやハイゲージニット、スラックスを使う人はマイノリティです。アパレル市場にはパーカー、Tシャツ、ジーンズ、スニーカーが溢れ、「全身アメカジ」という人が大半です。しかし「アメカジ」というカテゴリーだけで「街着」をおしゃれに見せることは至難です。ここに、日本人の男性をダサく見せる悲劇があるといっても過言ではないでしょう。おしゃれには「ミックスする」「バランスをとる」という大原則とも呼べる前提があり、その前提を守ることではじめて、簡単に

「おしゃれに見せる」ことができるのです。

日本人は洋服の歴史が浅いため、感覚的に着こなしのコツをつかんでいる人は少ないのが現状です。感覚的につかめないなら論理化された教科書を読んで、着こなしのロジックを理解しましょう、というのが本書の目的です。

洋服の着こなしに自信がない人は教科書として、すでにおしゃれに自信がある人はそのセンスを裏付ける答え合わせとして読んでいただければ幸いです。

最初にも述べましたが、「おしゃれに見える」という自信を手に入れると、あなたの人生は変わります。何事にも前向きに、積極的に楽しめるようになります。せっかく本書を手にとっていただいたのですから、どうも信じられないという方も騙されたと思って最後までお付き合いいただければと思います。

contents

chapter 3 How to make your style

服の合わせ方 ……160

コーディネート50スタイルを公開

chapter 4 My favorite items

偏愛アイテム

厳選したアイテムBEST15を公開

chapter 5 Another side of fashion industry

The principles

chapter 1 大原則とルール

メンズファッションには
ロジックがある

本章では、誰も言葉にできなかった「おしゃれ」の秘密について解き明かします。これまで「センス」の一言で片付けられていた「秘訣」を論理的に言葉にしていくことで、ファッションが身近に、そしてとても簡単なものになるはずです。

「センス」ではなく「ロジック」が必要

ファッションやコーディネート、洋服選びに「正解」なんてない。感性が十人十色である以上、「正解」も人それぞれではないのか？

そう思ったことはありませんか？　しかしながら、答えはNOです。「正解」はあります。ファッションという文化が芽生えてから途方もない時間が流れるなかで、ファッションは成熟し体系化され、「おしゃれに見せる方法」が確立しています。

そんな方法は「ない」というのであれば、みんなが「あの人おしゃれだよね」という合意は成立しなくなります。感性は十人十色であり、受け取る人もそれぞれになります。

実は、「おしゃれにはセンスが必要」「ファッションは人それぞれ」「正解なんてない」といった「常識」は、少しずつ的外れなのです。

私がこれまでの体験や考察から導きだした答えは、「おしゃれにはセンスではなくロジックが必要で、人それぞれでありながらも、みんなに『あの人はおしゃれだなあ』と思わせる着こなしのルールはある」というものです。

確かに、パリやミラノのオートクチュールコレクションなど、芸術における「ファッション」は表現力と感性、才能が問われる世界です。しかし、われわれ一般人が街で歩くために、デートするために、出勤するために、通学するために着る洋服、「街着」に必要なものはセンスではなく、着こなし方の「ルール」なのです。

そもそも、人はセンスがいいからおしゃれに見えるわけではありません。同様に、「理屈で説明できないおしゃれな着こなし」もありません。おしゃれな人は「おしゃれに見せるルール」に則って服を着ているからおしゃれに見えるのであって、言葉で説明できない「おしゃれのセンス」なんて、この世の中に存在しないのです。センスとやらはルールを理解すれば誰にでも身につけることができる後天的なものです。

それでも、「おしゃれには持って生まれたセンスが必要だ」と誤解されやすいのは、例えば、AというアイテムとBというアイテムの合わせがおしゃれに見えるには「理由」があるのですが、着こなしている当人にはカッコよく見える「理由」がわかっていません。鏡の前で「これはカッコよく見える」「これはダサい」とケーススタディを繰り返し、感覚的に体得しているだけで、いちいちその「理由」を言葉にしないからです。そういった人をなんとなく「センスがある」という一言で片付けてきました。

本書はこうした「おしゃれに見せる方法」や「おしゃれに見える理由」——これまで言葉になっていなかったものを言語化していきます。着こなしの原則やルールは一度知ってしまえば死ぬまで使えます。時間もお金も労力も、もちろんセンスも必要なくなります。

おしゃれは「知るだけ」でできます。本書のタイトルのとおり、「最速でおしゃれに見せる方法」が存在することをこれから証明していきましょう。

なぜ教科書がないのか？

数学の問題を解くときに、方程式を使わず一から定理を探す学生はいません。学びたいと思えば、普通は先人の知恵を拝借します。先生に学び、教科書を読み、試行錯誤する時間をなるべく短縮します。ではなぜ、ファッションには先生や教科書が存在せず、「似合う？ 似合わない？」といった試行錯誤を繰り返さねばならないのでしょうか。

前述のとおり、「あの人はおしゃれだよね」という合意が成立し、10人中9人が「あの人はおしゃれ」だという総意があるということは、おしゃれに見せる一定のルールがあり、それらをまとめた教科書があってもよさそうなものです。

教科書がない理由は、二つあります。

一つはまず、ファッションは学問とは違い、アパレルといういれっきとしたビジネスだからです。

例えば「先生」であるべきショップのスタッフは、店で洋服を買ってもらうことがミッションですから、「うちの服はココがダメ」「ユニクロで十分」とは言えません。また、「教科書」であるべきファッション誌は、掲載しているブランドや広告主に配慮することなく、「あれはこういう理由でダメ」と論理的には書けません。そのアイテムが選ばれた理由はあくまで、センスによることが大事なのです。センスとは一種のブラックボックスですから、センスのいい人が選んだものに、一般人である読者はケチのつけようがありません。

これでは、「正しいことを教える、伝える」なんてもってのほかです。

このように、ブランドやメーカーとつながりがなく、損得なしにファッションを語れる人は残念ながらそう多くはないのです。

もう一つの理由は先述したとおり、おしゃれに見せる原則を「論理的」にではなく、「感覚的」に体得している人が多いからです。ビジネスとして洋服を扱っている人の多くは、それがショップスタッフであれスタイリストであれ、ファッションを論理的に言葉にする局面が少なく、感覚的に体当たりで模索していています。結果、「感覚的」にはわかっていても、言葉にできないケースが多いのです。

私は学生のころから膨大な資料を集めるファッションマニアで、また大学生になってからはアルバイトとして洋服屋に勤め、社会人として業界に入ってからも、長い年月と労力をかけて、「ファッション」や「おしゃれ」を言語化することに費やしてきました。

アルバイトながら展示会に連れていってもらい、スタイリストやデザイナーから話を聞き、情報を収集整理し、言葉こそ違えど多くの人が同じことを言っていることに気づきました。またコレクションなどを見て回っても「ある大原則」に基づいて、コーディネートを構築していることを発見し、「おしゃれに見せるにはルールがある」と確信するに至ったのです。

本書ではその「大原則」を語っていきますが、実はこの原則も私がつくったものではなく、業界にいるファッショニスタであれば、誰もが「感覚的」に、もしくは「論理的」に理解し、実践していることです。

ただし、これらの原則を本書ほど丁寧に言葉にしたケースはありません。本書はかつて誰も手をつけなかった、業界初といっても過言ではない、まさに「おしゃれの教科書」なのです。

店員はテクニックで雰囲気イケメンになっている

「でも、結局〝イケメンに限る〟んでしょ?」とか、「中年太りで胴長短足なのでおしゃれになんて見えないよ」と思うかもしれません。

しかし考えてみてください。洋服屋のショップスタッフは皆おしゃれでイケメンかというと、よくよく見れば、そんなことはありません。

私はいくつかの洋服屋でマネジメントを手がけてきましたが、ショップスタッフ全員がイケメンなんてことはなく、そんな採用基準もありません。

それでも皆、それなりにサマに見えるのは、〝とあるテクニック〟で「雰囲気イケメン」を生み出しているからです。ここで言う〝テクニック〟とは前項で触れた「おしゃれに見せる大原則」だけでなく、「体型が整って見える方法」などの小技も含まれます。

「脚を長く見せる」「大人っぽく見せる」「小顔に見せる」「筋骨隆々に見せる」といった着こなしの工夫はいくらでもあります。「おしゃれに見せる大原則」に加えて、体型をカバーする技を組み合わせれば、簡単に「おしゃれ」かつ「イケメンっぽく」見せることができるようになります。

「イケメンに限る」は逃げ口上です。「雰囲気イケメン」程度なら、服の着こなしひとつで簡単につくれます。さしてお金もセンスもいりません。

ダサく見える罠①「質にこだわる」

本項では反対に男性が陥る罠、自分をダサく見せてしまう理由について少し述べておきましょう。

男性がファッションにこだわる際に、よく陥るのが「質」を重視することです。デニムパンツやレザーアイテム、男のこだわりに満ちたアイテムは星の数ほどあります。メンズファッションでは着こなしよりもスペックや蘊蓄がすべてといってもいいでしょう。試しにファッション誌を開いてみてください。着こなしや合わせ方について語られたものがいかに少ないか。情報のほとんどは、素材やディテールなどスペックに関するものだと思います。

洋服屋に足を運べば、「これはどの地方で取れた貴重なコットンを使ったカットソーで」とか、「このパーカーは防水性能と透湿性能が高く、標高何千メートルの山でも耐えられるプロスペックで」などなど、「質」にまつわるセールストークが繰り広げられます。

しかし、冷静に考えてみれば「貴重な素材はおしゃれなのか？」「プロが使っている防水パーカーを街で着る必要があるのか？」といった疑問が浮かびます。私たちが求めているのは「質」ではなく、「気取らずともそこそこおしゃれに見えるかどうか」です。

ではなぜ、ショップスタッフのセールストークは「質」に終始するのか。それは、ファッションを言葉にできないからです。彼らの多くは「なんとなくこうすればサマになる」と感覚的にわかっていても、着こなしのルールを体系的に説明することができません。仮にできる人がいたとしても、その秘訣を明らかにすれば、該当しない商品はオススメできなくなります。さらに言えば、〝合わせの秘訣〟を知っていると、ユニクロでもおしゃれができてしまいます。彼らは、そんなことは口が裂けても言えないでしょう。ショップスタッフやファッション誌はこの呪縛から逃れることができないのです。

そもそも「おしゃれに見える」とは「客観的な見た目」のことです。それをデザインやシルエットに直接影響を及ぼさない「質」に頼ること自体がおかしく、商品の特徴を「質」に求めるのであれば、それはもう「客観的な見た目」とは関係なくなっています。

「質」トークをはじめるもう一つの理由は、質が絶対的だからです。

現在では、IT化によって商品の在庫管理は極めて合理的に行われます。売れた商品、アイテムは管理され、結果、似たようなデザインが増えることになります。そんな状況で、服を選ぶ決め手が、おしゃれに見える「合わせ方」「着こなし方」になってしまうと、どこの店で売っている商品でも代用できることになります。つまり、セレクトショップで買う必要はなく、「ユニクロでいいじゃん」ということになるのです。

しかし、差別化する際に「質」に着目すれば、その製品にはいくらでも付加価値を与えることができます。その製品でなくてはならない優位性が生まれるのです。

こうした背景から「質」を重視した接客が多くなり、そのため「見た目はダサいけど実は高い」という男性が増え、「大金を使ってもあの程度」とか、「ファッションはお金の無駄遣い」といった曲解を生んでいます。

趣味で「質」を追いかけることは否定しません。必要に応じて「職人が手がけたコードバン」や「防水機能」を選ぶ楽しみもあります。しかし、「おしゃれを追求していたら、いつの間にか質を重視するようになっていた」というのは罠に陥っている証拠です。とくに30代以上の方は要注意。それは客観的な見た目を語るおしゃれではなく、本来の目的を見失っています。

何も私は「質」を全否定しているわけではありません。もちろん質のよさが見た目に影響を及ぼしている製品もたくさんあり、私自身、高品質で高価格の洋服をタンスいっぱいに持っています。例えば、高級ニットは艶がうっとりするくらい潤沢で、安物にはない存在感があります。それは、見た目にも明らかに影響を与えています。

しかし、見た目にわからないような「貴重なコットン」やら「防水性」は、それを望んでいない人にとっては無駄なコストです。とくにおしゃれをこれからはじめようとする人ならば、機能性よりもまずは「おしゃれに見えるかどうか」が優先されるはずです。

少なくとも街で「あの人おしゃれだね」と言われるくらいのスタイルであれば、全身ユニクロや無印良品でもできます。感覚的であれ論理的であれ、ある程度おしゃれを理解していれば誰にでもできることなのです。

「質」に頼る必要はありません。まずは「見た目」でおしゃれをしていきましょう。

ダサく見える罠②「アメカジに偏る」

また、男性をおしゃれから遠ざける罠のひとつに「一系統に偏る」ことがあります。例えばアメカジが好きなら全身アメカジ、ストリートファッションが好きなら全身ストリート、または、全身大好きなAブランド、休日は「楽だから」といってスポーツウェアにスニーカーという人もいるでしょう。

こういった方は、カテゴライズして「一系統に偏る」ことを「おしゃれ」だとみなす傾向があります。

「全身アメカジでどこが悪いんだ！」と思われるかもしれません。もちろんそれ自体は否定しませんが、「おしゃれかどうか？」という視点で見れば、別の話です。一系統に偏ることがおしゃれならば、これほど簡単なことはなく、そもそも教科書なんて必要ないでしょう。

街で着る服、「街着」はミックスの文化です。ミリタリーブルゾン、デニム、テーラードジャケット、スニーカーなど街着で使われるアイテムは実に多種多様ですが、そのほとんどがもともと街着のためにつくられたものではありません。

ミリタリーブルゾンは軍隊の着用品でデニムはワークウェア、テーラードジャケットは礼服でスニーカーはスポーツウェアです。「街着」としてつくられた服でない以上、「着こなし」とはそもそもミックスが前提になっているのです。ミックスせずそのまま着ればそれはユニフォームになります。

全身ミリタリーウェアなら軍隊ですし、全身ドレスやテーラードとスラックスであれば礼服かオフィス服です。街着はそうならないようにバランスをとる必要があります。これが「街着」の文化であり、おしゃれに見せるためにはミックスが大前提なのです。

洋服を着ている歴史が日本人よりも長い欧米人は、「街着」を感覚的に理解しています。海外のファッションスナップを見ると、スウェットパンツにテーラードジャケットを合わせたり、ミリタリーブルゾンにスラックスを合わせたり、日本ではあまり見かけないミックスを目にします。もっとも、日本においても近年は徐々に浸透しつつあります。スウェットパンツを街で着ていても、「それ部屋着?」と真顔でツッコむ人は少なくなり、デニムに革靴を合わせるスタイルも増えました。

ただ、日本人はそういった感覚をまだ体得していないため、着る服をカテゴライズして考え、「デニムにはスニーカーとパーカー」とか「スラックスには革靴とシャツ」といったように一系統で捉えてしまう人が多い。「好きなものを好きなように着る」のはいいのですが、それがおしゃれに見えるかどうかはまた別の話だと思ってください。

もちろん「デニムにスニーカーとパーカー」といった全身アメカジスタイルでもおしゃれができないわけではありません。しかし、おしゃれのハードルはぐっと上がります。理由は後述しますが、ほかの人が見て「あの人おしゃれだね」と評されるようなスタイルを身につけるのは大変難しくなるでしょう。なぜなら街着とは一系統に偏らず、あくまでミックスする着こなしが前提になっているからです。

大原則

「ドレス」と「カジュアル」のバランスを考える

日本人と欧米人では着こなしのノウハウに大きな隔たりがあります。欧米人は洋服の着方を長い歴史のなかで蓄積し、感覚的に「どう着たらおしゃれに見えるか」ということを体得しています。イタリア人男性のストールの巻き方、シャツの腕をまくるバリエーションの数、フランス人のデニムの合わせ方など、思わずうなってしまうことがよくあります。これは当たり前の話で、日本人が洋服を着だした歴史は彼らよりもずっと浅く、一部の人を除けば戦後からと言っていいでしょう。たかだか70年の歴史なので、着こなしの感覚は欧米人ほど養われていません。

しかし前項で述べたとおり、おしゃれは客観的なものであり、そこには一定の原理原則が存在します。10人中9人が「あの人おしゃれだね」と言ってくれるような「おしゃれに見せる方法」が存在するのです。

「欧米人のセンスには敵わない」のであれば、そのセンスを「論理的な法則」として理解すればいいだけです。

本項ではおしゃれの法則を「大原則と三つのルール」としてまとめました。少々複雑な内容を含んでいますが、まずはこの「大原則と三つのルール」を頭に叩き込んでください。chapter2ではこれらの法則を使って「実践」していきます。方程式はそれ単体では覚えにくくても、実践していくにつれ頭に染み込んでいくものです。複雑でもまずは一読し、次章以降で理解を深めるというかたちで構いません。

また、いくらおしゃれの原則を語ったとしても、「欧米人は脚が長いからおしゃれに見える」という意見もあるかと思います。

しかし、ご安心を。欧米人に比べ体型的ハンディがあるならば、その体型を「ごまかす」、あるいは「隠す」工夫をすればいいだけです。それら「体型カバー法」も次章で語ります。まずは本章にて、基本となる「大原則と三つのルール」をご一読ください。おしゃれはセンスではなく、ロジックでつくることがわかるでしょう。

まずいちばん大事なことを教えます。あなたはメンズファッションでおしゃれを構築するうえでもっとも重要な要素はなんだと思いますか。

それは「ドレスとカジュアルのバランス」です。

「ドレス」とはスーツスタイルなどの礼装です。アイテムでいえば、テーラードジャケット（スーツの上着のこと）、スラックス、ドレスシャツ、革靴、レザーバッグなど。ビジネスや冠婚葬祭などで着るスーツを想像すればOKです。

一方、「カジュアル」とはリラックススタイルのこと。家でくつろぐ服装、ストレスなくすごせるラフなスタイルです。アイテムでいえば、スウェットパーカー、色落ちデニム、スニーカー、Tシャツ、リュックなど。コンビニに行く服装を想像してください。

そしてこの「ドレスとカジュアル」、両者のバランスをうまくとることが「おしゃれに見せる大原則」なのです。前項では、「街着」はミックスの文化だと書きました。例えば、テーラードジャケットにスラックス、シャツに革靴であれば、それは100%ドレススタイルです。ビジネスやパーティーで着る服であり、「街着」のおしゃれとしては成り立ちません。

一方、パーカーにスウェットパンツにスニーカーであれば、それは100%カジュアルスタイルです。部屋着やコンビニ用になってしまい、同じく「街着」としては成り立ちません。

この「ドレスとカジュアル」の中間に位置するのが「街着」なのです。カッチリしすぎず、またそれでいてルーズに寄りすぎず、「緊張感」と「余裕」を併せ持ったスタイル、これがメンズファッションにおけるおしゃれを成り立たせる大原則です。

例えば、テーラードジャケットにスラックス、革靴といったドレスなスタイルに、スラックスではなく、カジュアルアイテムであるデニムを合わせる。例えば、スウェットパーカーにデニム、スニーカーといったカジュアルなスタイルに、デニムではなく、ドレスアイテムであるスラックスを合わせる。

こうして「ドレスとカジュアルのバランス」をとり、「緊張感」と「余裕」を併せ持ったコーディネートを意識することが重要なのです。

これは別に私が提唱しているのではなく、多くの著名デザイナーなども言い方こそ違えども同様のことを語っています。人によっては「ハズす」と言う場合もあります。

またスタイルに限った話ではなく、よく「スーツを着ている男性がネクタイを外す仕草に色気を感じる」と言いますが、これも「ドレスとカジュアルのバランス」と同義です。スーツ姿という「ドレス」な雰囲気、緊張感のあるスタイルのなかで、「ネクタイを外す」という行為が「カジュアル」に相当し緩和をもたらします。緊張のなかに余裕を見せることで適度な緩和が生まれ、「ドレスのなかのカジュアル」が成立し、セクシーに見えるわけです。

ちなみに女性のファッションは、「ドレスとカジュアルのバランス」が男性と同様に大原則ではありますが、男性よりも圧倒的にアイテム数が多く、また男性とは違って化粧などでも大きく印象が変わるため、より複雑な論理が必要となります。本書は男性向けのファッション指南であり、女性のファッションにはとくに触れませんが、原理原則は同じだけど、女性のファッションはより複雑だと考えてください。

日本人が守るべき黄金律は「7：3」

メンズファッションの着こなしにおいてもっとも重要な「ドレスとカジュアルのバランス」ですが、最適な割合は「ドレス寄り」です。

欧米人は「ドレス：カジュアル」のバランスを「5：5」で取ればOKなのですが、日本人が「中間」を狙うと、どうしても子供っぽくなり、バランスを崩しかねません。

というのも、「ドレス」は「大人っぽさ」を、「カジュアル」は「子供っぽさ」を表現するものです（前述のスーツスタイル、リラックススタイルなど具体的な服装をイメージしてもらえれば理解できると思います）。

日本人は欧米人に比べると、体型も顔つきも子供っぽい。体型は未成熟に見える胴長短足が多く、顔つきも童顔です。欧米人が日本人を見ると「若く見える」と言うように、生来から「子供っぽい」「カジュアル」な雰囲気を持っているのです。

日本人が「洋服」を着こなすには、それなりの工夫が必要で、「欧米人と同じスタイルをすればおしゃれに見える、サマになる」というにはいささか無理があるのです。筋骨隆々の外国人セレブのファッションスナップを見て、そのまま真似てもサマにならないのはそういった理由があります。

そこで日本人の体型、顔つきといった生まれ持った「カジュアル感」を払拭すべく、「ドレスとカジュアルのバランス」を欧米人のように「5：5」ではなく、「若干ドレス寄り」に調整することが必要になります。その黄金律こそ「7：3」です。

「ドレス寄り」は簡単におしゃれに見える

また「日本人はドレス寄りにすべき」の根拠としてもう一つ、日本ではドレス寄りがおしゃれに見えやすいということが挙げられます。

前述のとおり、日本に流通している洋服はアメリカの影響を色濃く受けているため、カジュアルウェアが非常に多い。パーカー、スウェット、チェックシャツ、Tシャツ、デニム、チノパン、スニーカーなどなど、アメリカンカジュアルで溢れかえっています。あなたのクローゼットもこういったアイテムで占められているのではないでしょうか。

一方、白シャツ、テーラードジャケット、スラックス、レザーシューズなどヨーロッパ的なドレスアイテムを街着として着こなす人は少なく、日本ではドレスライクな着こなしをちょっと取り入れるだけで「大人っぽい」「おしゃれ」という評価を簡単に得ることができます。

胴長短足童顔の日本人の特性をカバーして、かつほかの日本人と差をつけるためにも、ドレス寄りのスタイルづくりを心がけるということは非常に重要であり、メンズファッションを構築するうえで軸となる考え方なのです。

試しに通勤、通学の途中や街歩きをしている際に、ほかの男性の服装をチェックしてみてください。ビジネスでスーツを着ている男性以外のほとんどがカジュアルに偏っていることに気づくはずです。とくに30代以上の男性は、自分が若いころにはやったアメカジの影響をずっと引きずっているため、チェックシャツやTシャツ、デニムパンツにスニーカーといった合わせをしている人が多いことでしょう。

100%カジュアルアイテムでまとめたスタイルを否定するものではありませんが、「おしゃれに見せる」にはハードルが高いと理解してください。こういったカジュアルアイテムを全体の30%に留めるだけで、随分と大人っぽくキレイ見せることができるのです。「ドレスとカジュアルのバランス」は「7：3」が最適だとまずは覚えましょう。

ルール①

服は「ボトムス」から揃える

前項で前提となる「ドレスとカジュアルのバランス」について語りました。ここからは大原則を実践に移す際のルールを三つ紹介します。

前項で語った「ドレスとカジュアルのバランス」は大原則です。いわば、守らなければならない「おしゃれの前提」です。一方、本項で説明するおしゃれのルールは「最速でおしゃれに見せる方法」です。大原則のように必ずしも守らなければならないものではありませんが、三つのルールを守ることで、誰もが簡単におしゃれに見せられるようになります。慣れないうちや自信のない間はこの三つのルールを破らないようにしましょう。

慣れてきたらルールを独自に解釈して多少遊んでも構いません。しかし、いくら「俺はもうおしゃれになったぜ！　ふふん！」という気持ちになったとしても、この三つのルールは忘れないでください。この三つは初心者向けというわけではなく、中級者、上級者であっても共通するものです。楽器における基礎練習のようなもので、怠ると一気におしゃれがわからなくなる、そんなルールだと思って読み進めてください。

そもそも「トップス」とか「ボトムス」とはなんでしょうか?

トップスとは上半身に着る衣服のことで、ジャケットやシャツ、カットソーやTシャツです。「アウター」という言葉もありますが、これは「トップス」のなかでも羽織るものを指す言葉です。ジャケットやブルゾンなどは「上着」とも言います。広い意味では「アウター」も「トップス」に含まれます。

一方、ボトムスとは下半身につける衣服です。デニムやチノパン、スラックスなど、いわゆる「パンツ」、そして「シューズ」を含む場合もあります。

さて、あなたがこれから「おしゃれをしてみよう!」とか、「思い切って新しい洋服を買おう」とするときに、まず「トップス」から買いますか、それとも「ボトムス」でしょうか?


私は10年以上も前からアパレル業界で働いていて、ショップスタッフから店長、マネジメント、バイヤー、EC運営、ブランドの立ち上げまで、実にさまざまな職種をこなしてきました。大手セレクトショップにいたこともあり、「大学に入ったから、今年からおしゃれをしたい!」なんていうカワイイ男の子ともよく知り合ったものです。

彼らの圧倒的多数は「トップス」から揃えはじめます。とくにソツがないとされるブランドの定番トップス、例えばテーラードジャケットやGジャンなどから買い揃える子が多かったのですが、「トップス」から選ぶことはまちがっているとまでは言いませんが、最短距離ではありません。反対におしゃれを構築するうえでハードルが高いといっていいでしょう。

お金をなるべくかけずに最速でおしゃれを目指すなら、「ボトムス」から揃えるべきなのです。

私がショップスタッフだったときは「ボトムスから揃えたほうが早いですよ。なぜなら……」と説明してきました。

印象を変えるのが「トップス」、印象を整えるのが「ボトムス」

では、なぜ「ボトムス」から揃えるべきなのか。

ずばり、印象を変えるのが「トップス」、印象を整えるのが「ボトムス」だからです。多くの人が最初にトップスを買うのは、印象が変わるからです。確かに顔に近いところにあるトップスは、ボトムスに比べて視線が集まりやすく、トップスの色をちょっと変えてみたり、ストールを巻いてみたり、上半身を少し変えるだけで、その人の印象は激変します。

しかし、印象を整えるのはボトムスの役割です。

少し想像すれば簡単ですが、ダルダルでルーズなデニムに派手なスニーカーを履いた人が、いかにキレイなドレスシャツや美しい形のテーラードジャケットを着てもサマにはなりません。反対に、キレイなシルエットのパンツにシンプルな黒靴を履いていれば、ゆるいTシャツを着ても、野暮ったいパーカーを着ても意外とサマになるものです。

ネットメディア『WebNewtype』（KADOKAWA）で私が監修を務めたファッションHOW TO漫画『服を着るならこんなふうに』では、物語のオシャレ伝道士であるキャラクター環（たまき）は「ボトムスの重要性をお味噌汁」で例えています。

印象のベースは
ボトムに
かかってるの
ちらっ
逆に言うと
ベースが整って
なかったら
トップスも
おしゃれに
見えないんだからね
見んなよっ
お味噌汁と
一緒なんだよ
覚えてね♪
honey
出汁をとらない
お味噌汁は
高級食材を入れても
味気ないでしょ?
でも 出汁さえ
しっかりとっておけば
ワカメやネギだけでも
十分美味しいってこと!

©縞野やえ／KADOKAWA

「印象のベースはボトムにかかってるの　逆に言うとベースが整ってなかったらトップスもおしゃれに見えないんだからね」「お味噌汁と一緒なんだよ」「出汁をとらないお味噌汁は高級食材を入れても味気ないでしょ?」「でも出汁さえしっかりとっておけばワカメやネギだけでも十分美味しいってこ

と！」（『服を着るならこんなふうに』第2話）

主人公の妹である環は、兄のファッションを変えるため、コーディネートをお味噌汁に、ボトムスは出汁（ダシ）に、トップスは具に例えました。

確かに具がカニやアワビなどどいくら豪華であっても、出汁がなければ、味気ないものにしかなりません。しかし、出汁をしっかりとったお味噌汁は、それだけでも十分に楽しめます。ワカメやネギなどありふれた食材であっても一つの「料理」として成り立つでしょう。

多くの人は「よし、服を買おう！」と思い立つと、印象の変化を望むあまりトップスを選びます。簡単に印象は変化するのですが、印象を整えるボトムスが決まっていなければ、いくらデザイナーズブランドのトップスや高価な装飾品を買ってもチグハグでサマになることはないのです。

逆にボトムスさえ整っていれば、トップスは手持ちのものでもサマになります。お金をかけずに最短最速でおしゃれに見せたければ、まずはボトムスを整えることからはじめるべきなのです。

ルール②

形は「I」「A」「Y」で整える

二つ目は、身体のラインをキレイに見せる「基本のシルエット」に関するルールです。

シルエットにまで気を配って服を選ぶ男性はほとんどいないと思います。そのぶん、少し気配りするだけで、俄然おしゃれに見せることができる重要なポイントです。まずは、基本の三型「I」「A」「Y」について紹介しましょう。

「I」ラインシルエット

「I」ラインシルエットとは、上下ともに細いシルエットになります。トップスもボトムスも細いアイテムを使ったコーディネートです。アルファベットの「I」の字のとおり、まっすぐな細長いシルエットを強調したものです。難しく考える必要はなく、「上下とも細い」と覚えておけば十分です。

「style01」のように細みのシャツに細みのスキニーデニムで上下ともキュッと細く、アルフ

style01（P161）

アベットの「I」のようです。スーツはよほど流行遅れでない限り、上下ともに細くシュッとしているイメージがあります。「I」ラインはまさにそれで、上下とも細く、スーツ姿を連想させるもっともドレス感の強いシルエットです。「style01」もどこかスーツライクな、ドレスライクな印象を受けると思います。

「A」ラインシルエット

続いて「A」ラインシルエット。こちらはトップスが細め、ボトムスがゆるめのアイテムを使ったコーディネートです。アルファベットの「A」の字のとおり「上が細く下がゆるめ」です。

「style07」を見ていただければわかりますが、ゆったりとしたパンツに細みのTシャツを合わせています。「A」のごとく下に向けて広がった形が確認できるかと思います。

「Y」ラインシルエット

最後に「Y」ラインシルエット。「Y」は「V」とも形容されることがあるのですが、トップスがゆるめ、ボトムスが細めのアイテムを使ったコーディネートです。アルファベットの「Y」のとおり上がゆるく、下が細い形になります。

style07（P165）

「style10」のとおり、ゆったりとしたTシャツに細みのスキニーデニムを合わせることで、「Y」の字のようなシルエットが構築されています。

この三つのシルエットは体型をキレイに見せてくれます。コーディネートがどうも野暮ったいという人はシルエットづくりに失敗している可能性があります。「I」「A」「Y」いずれかのシルエットを意識的につくってメリハリをつけることで、途端にバランスのいいコーディネートになるはずです。

まずは「I」ラインからつくろう

三つのシルエットを紹介しましたが、いちばんてっとり早いのは「I」ラインです。それは理由が二つあります。

まず、「A」と「Y」ラインは中途半端になりやすく、失敗しやすいからです。「A」と「Y」はともに、トップスとボトムスに大きな差をつくらないと成立しません。「おしゃれ」は所詮見た目なので、他人が客観的にコーディネートを見たときに「上が細くて下が太い」「上が太くて下が細い」と認識しなければ「A」や「Y」ラインのシルエットにはなりません。

style10（P166）

パッと見そう感じさせるにはメリハリが必要で、「A」ならば上はキュッと細く、下はドカッと太く、「Y」ならば上はドカッと太く、下はキュッと細く見せなければなりません。このメリハリの具合がわからず、中途半端になってしまうと途端に野暮ったくなります。そもそも、この手の思い切ったデザインの服を持っている人は少ないでしょう。半端に細く、半端に太い形のアイテムを使えば、前述の三つのシルエットのどれにも属さない野暮ったい雰囲気になってしまうのです。

私は「A」と「Y」のシルエットをつくるときは、わざとワンサイズ大きな服を選んで、あえて太く見せるような工夫をします。そういった微調整には慣れが必要で、いきなり「ワンサイズ上の服を買え」と言われても本当に正しいのか、うまくいくのか、と不安になるでしょう。初心者向けのファッションの指南本では、ジャストサイズを買うことが大命題です。皆さんも身体に合ったサイズを選ぶのが普通だと思います。

そこでオススメなのが「I」ラインシルエットというわけです。

「I」ラインは上下とも細め。身体にフィットしたものを選びましょう。自分に適したサイズで細みのアイテムを選べば、「I」ラインは簡単に成立します。「細みのアイテムを選ぶ」ことと、「ちょうどいいサイズを選ぶ」こと、それだけを考えて買い物をすればいいので、迷わなくてすみます。

「I」は「ドレス寄り」がつくりやすい

前項で「ドレスとカジュアルのバランス」について説きました。ドレスとは何か、それはスーツである。カジュアルとは何か、それはリラックススタイルである、と書きました。

しかしその「ドレスとカジュアル」の区分は、「テーラードジャケットはドレス」とか、「パーカーはカジュアル」であると、単純に「デザイン」だけで仕分けできるものではありません。

洋服は三つの要素、①「デザイン」、②「シルエット」、③「カラー（素材）」からなり、それぞれに「ドレスとカジュアル」が存在します。少し複雑ですが、順を追って説明しましょう。

まず「テーラードジャケット」は、①「デザイン」がドレスです。「パーカー」は①「デザイン」がカジュアルです。アイテムのデザインに関しては誰もが簡単に見分けがつくものです。主にスーツで使うものが「ドレス」、それ以外が「カジュアル」だと考えればほぼまちがいありません。

②「シルエット」についても「ドレスとカジュアル」のテイストが存在します。スーツのシルエットを連想してください「Iライン」になっています。要する

に細身のものが「ドレス」、逆にゆるめのものが「カジュアル」です。リラックススタイルである「カジュアル」のシルエットを連想すると「ゆったり」したものが多く、パーカーやデニムなどもそうです。これは、「ドレス＝細い」「カジュアル＝ゆるい」と感覚的にも理解できるかと思います。

そうすると、ゆるい、ルーズなアイテムを使うとそのぶん「カジュアル」に寄ってしまいます。当然、「I」ラインよりも「A」ラインや「Y」ラインのほうが「ややカジュアル」に属します。前項で「日本人はドレス寄りにバランスをとるべき」「ドレス：カジュアル＝7：3が黄金律」と書きました。ですから、慣れていない人はまずドレスライクなシルエットをつくることを意識して、「I」ラインからはじめるとよい、となるわけです。

「ドレスとカジュアルが7：3なんだから、少しカジュアルが混ざった『A』のほうがいいんじゃない？」と思うかもしれませんが、②「シルエット」だけに限ればそのとおりです。しかし、「ドレスとカジュアル」を決定づける要素は三つあり、それぞれのバランスを考慮するのは大変です。であれば、②「シルエット」はドレス全開、③「カラー（素材）」もドレス全開、あとは「デザインでバランスをとる」と単純化したほうがコーディネートは簡単になります。この方法論の詳細は後述しますので、とにかく今は『「I」ラインからはじめるのが早そうだ』と覚えてください。

ルール③

色はモノトーン＋一色に抑える

①「デザイン」、②「シルエット」、③「カラー（素材）」の三要素のうち、②「シルエット」まで説明しました。次は「③カラー（素材）」について。

三要素それぞれ「ドレスとカジュアル」のテイストがあります。①「デザイン」はスーツで使うアイテムかどうかで見分けました。テーラードジャケットはスーツで使うから「ドレス」。パーカーは使わないから「カジュアル」。②「シルエット」も同様です。スーツのシルエットは上下細身でスッキリとしたものだから、細いシルエットは「ドレス」、太いシルエットは「カジュアル」です。

では、③「カラー（素材）」はどうでしょう。こちらもスーツを連想すれば理解できます。スーツで使う色は基本、黒系です。インナーのシャツは白が多い。礼服など正装であるほどそうなります。白か黒、あるいはグレー、無彩色の三色がスーツの基本カラーです。つまり、③「カラー（素材）」はモノトーンであれば「ドレス」に、カラフルであるほど「カジュアル」になります。

モノトーンから離れるほどカジュアルに子供っぽく見えるようになるので、

コーディネートに色数を足すごとにカジュアル感は増していきます。感覚的にも「カラフル＝子供っぽい」ということは理解できるかと思います。

こういった理由から、コーディネートで使用する色みは、「モノトーン＋一色」までに抑えるべきです。初心者は白、黒、グレーにとどめるほうが簡単です。慣れてきたら、残りの一色を加えてみましょう。赤でも青でも緑でも構いませんが、使う際には注意が必要なので、後ほど記します。

先ほどから「カラー（素材）」と表記しているとおり、「色み」だけでなく「素材」にもドレスとカジュアルの要素があります。ここでは、素材を「色の見え方を左右するもの」として一緒くたに「カラー（素材）」としています。素材もスーツを連想すればドレスなのかカジュアルなのか理解できます。スーツのように艶のあるものがドレス、そうでないものがカジュアルです。スーツのようにシワ感のないパリッとしているものがドレス、そうでないものがカジュアルです。このあたりは、本項の三つのルールに多少影響するので、そういうものとして覚えておいてください。

四色以上は使わない

「コーディネートで四色以上使うのはＮＧ」とよく言われます。

前述のとおり色数を使うほど子供っぽく、抑えるほど大人っぽく見えます。

メンズファッションにおいて「ドレスとカジュアルの黄金律は7：3」ですから、この指摘は効果的に作用します。

もちろん例外もあります。色がコーディネートに与える印象は「色数」だけでなく、「面積」にも左右されます。例えば四色以上使ったカラフルなアイテムでも、それがブレスレットや腰まわりにつく小物やキーホルダーなど面積が小さいものであれば四色であっても問題ありません。逆に「真っ赤」などの強い色を、トップスなどの大きな面積で使ってしまうと、インパクトはかなり大きく「カジュアル」に寄ってしまいます。さらに残り三色を加えてしまうと、「カジュアル」以外の何ものでもありません。

「色数」は使えば使うほど「カジュアル」になり、「面積」は広ければ広いほどその色が与える影響が強くなります。ここでは、「四色以上は使わない」と覚えておくだけでOKです。

色は面積と彩度でドレスとカジュアルが決まる

また「モノトーン＋一色」というルールさえ守れば、「鮮やかな赤でも、暗いネイビーでもなんでもOKなのか？」と疑問に思うかもしれません。ひとつ補足しておきます。

色は「使っている面積と彩度」の割合でドレスかカジュアルか決まります。前述のとおりモノトーンなど無彩色は礼服で使われるものほどドレスな色です。

逆に鮮やかで彩度が高い赤や青や緑などは子供っぽさを感じるカジュアルな色です。またジャケットに赤を使えば、かなりカジュアルになりますが、小さなバッグに赤を使うのであればそこまでカジュアルにはなりません。

つまり、基本的にはどんな色を使っても「モノトーン＋一色」で大丈夫なのですが、鮮やかな彩度の高い色は使う面積を小さく抑え、そうでない色は大きく使っても問題ない、と覚えてください。

例えばネイビーなどは黒に近い彩度の低い色です（「彩度」は色の明暗で判断してもOKです）。よって、ネイビーはジャケットなどで使えますが、真っ赤なレッドとなると彩度が高い色なので、ジャケットのように面積をとる場合は、かなり危険です。

「モノトーン＋一色」のルールはどんな色にでも適用できるのですが、補足として、「彩度の高い色は面積を抑える」と理解しておけばいいでしょう。

コーディネートは「二要素をロックする」

大原則とルールによって、おしゃれはロジックによって構築できるということがわかってきました。しかし同時に、複雑にも思えてきたはずです。

なにせ洋服の三要素、①「デザイン」、②「シルエット」、③「カラー（素材）」には、それぞれ「ドレスとカジュアル」のテイストが存在し、複合的に考えて、全体の印象を「ドレス：カジュアル＝7：3」に調整しなければなりません。

本書を読んで「ドレスとカジュアルのバランスを理解した。目から鱗だ！」と思ってタンスの中にあるテーラードジャケット（ドレス）とデニム（カジュアル）をおもむろに組み合わせたとしても……。

例えばテーラードジャケットのシルエットがゆったり（カジュアル）したものので、色がカーキ（カラフルな色はカジュアル）だと、「デザイン」以外の要素でバランスを失っている可能性があります。

しかし、ご安心を。初心者にも優しいコーディネート法が存在します。

三要素のうち二要素をロックする

三要素を複合的に考えろと言われても、初心者にとってはなかなかハードルが高いでしょう。そこで私が提唱している「レベルアップ型コーディネート法」があります。

その方法とは、三要素のうちの二要素をロックしてしまう方法です。①「デザイン」、②「シルエット」、③「カラー（素材）」のうち、②「シルエット」は上下細みに固定し、③「カラー」もモノトーン（もしくはモノトーン＋一色）にしてしまいます。

各要素でバランスをとるのではなく、最初から二要素を「ドレス」に思い切り寄せてしまい、あとは、①「デザイン」だけで「ドレス」と「カジュアル」のバランスをとるというコーディネート法です。

前述のとおり、日本はアメカジの影響を色濃く受けているのでカジュアルアイテムが大量に流通しています。街着として見かけるのはカジュアルウェアやリラックスウェアの人たちばかり。つまり、②「シルエット」と③「カラー」を「ドレス」に寄せるだけで簡単に差をつけることができるのです。

また、日本人は胴長短足に加えて童顔なので、「ドレス」寄りにコーディネートをまとめることが近道だとも指摘しました。思い切って二要素をドレス寄りにして着こなしをルール化してしまいましょう。

つまり、アイテム単体の、②「シルエット」と、③「カラー（素材）」をドレスに寄せておけば、考える要素は①「デザイン」だけです。テーラードジャケットにはデニム、シャツにはスウェットパンツなど、非常にシンプルな発想でコーディネートがしやすくなります。多少バランスがカジュアルに寄ってしまったとしても、二要素がドレス寄りにロックされていれば、そうそうおかしなことにはなりません。①「デザイン」だけに着目してカジュアルとドレスをミックスするという簡単な発想でおしゃれに見せることができるのです。

レベルアップ型コーディネート法

そして、①「デザイン」でバランスをとる組み合わせに慣れてきたら、レベルアップして②「シルエット」のロックを解除します。今度は太めのアイテムを使って、コーディネートの印象を変え、「A」ラインや「Y」ラインに挑戦します。慣れてきたら要素のロックを少しずつ外していって、いろんな組み合わせに挑戦していけるのが「レベルアップ型コーディネート法」です。

私も購入したアイテムで合わせに困ったら、一度要素をロックして、「細み」や「モノトーン」で合わせてみたりします。すると意外とすんなりコーディネートが組めて、すっきりとキレイなスタイルができあがります。

この「レベルアップ型コーディネート法」は洋服の合わせ方の基礎ともいうべき非常に有用なものです。とくに自分のコーディネートに自信がない、まだ感覚がよくつかめない、という方はぜひ試してみてください。

「大原則とルール」のまとめ

chapter1では「大原則とルール」を紹介しました。chapter2からは「実践編」へと移ります。その前にこれまでに学んだなかで重要なことをおさらいしておきましょう。

大原則　「ドレス」と「カジュアル」のバランスを考える

洋服には「ドレス」と「カジュアル」の二分類が存在し、その両者のバランスをとりコーディネートすることが、街着でおしゃれに見せる秘訣です。

また、日本人は欧米人に比べて子供っぽい体型と顔つきであり、カジュアルスタイルは幼く見えるため、欧米と同様のバランスの取り方ではなく、「ドレス：カジュアル」の比率は、ややドレス寄りである「7：3」がベストです。

ルール①　服は「ボトムス」から揃える

おしゃれをはじめようと思った際に、まず買うべきものはボトムスから。コーディネートは主に上半身（トップス）と下半身（ボトムス）に分かれ、印象を変えるのがトップス、印象を整えるのがボトムスです。印象を整えていない状態で、トップスをいくら変えてもサマになりません。服は常にボトムスから整えるようにしましょう。

ルール② 形は「I」「A」「Y」で整える

身体をキレイに見せる基本シルエットは三つ。「I」ライン（トップスもボトムスも細い）、「A」ライン（トップスが細く、ボトムスが太い）、「Yライン」(トップスが太く、ボトムスが細い）です。

また基本的に洋服の形は細いものはドレスに、太いものはカジュアルになります。はじめは「I」ラインシルエットから実践するようにしましょう。

ルール③ 色はモノトーン＋一色に抑える

色使いについて、モノトーンはドレスに、逆に色数を使えば使うほどカジュアルになります。はじめのうちはモノトーンか、モノトーン＋一色に抑えるとコーディネートはつくりやすいでしょう。

レベルアップ型コーディネート法

洋服は三要素、①「デザイン」、②「シルエット」、③「カラー（素材)」からなっています。それぞれに「ドレスとカジュアル」のテイストが存在し、各要素でバランスをとることが肝要です。

三要素それぞれにおいてドレスとカジュアルのバランスをとり、複合的に考えるのが難しい場合は、二要素をロックしましょう。

②「シルエット」を「ドレス」に固定して上下とも細身の「I」ラインにしてしまう。③「カラー（素材)」を「ドレス」にロックしてモノトーンかモノトーン＋1色にしてしまう。そうすれば、迷う要素は①「デザイン」だけです。デザインでドレスとカジュアルのバランスをとれば、残りの二要素が「ドレス」にロックされているぶん、コーディネートで失敗しにくくなります。

これらが基本となる原則とルールです。chapter2以降ではこれらをベースに実践方法を紹介していきましょう。

How to pick your clothes

chapter 2

服の選び方

今日買うならこんな服

ロジックを知ったあなたは新しい服が買いたくなっていることでしょう。しかし、慌てる必要はありません。「ルール①」で学んだとおり、ボトムスからトップス、そして小物へ。ベーシックとなるアイテムは何を基準に選べばいいのか、その正解を示します。

［ボトムス編］

コーディネートの印象はパンツとシューズで7割が決まる

前章のルール①で「服はボトムスから揃えよう」と述べました。コーディネートは主に上半身（トップス）と下半身（ボトムス）に分かれますが、印象を変えてくれるのがトップス、印象を整えてくれるのがボトムスです。印象を整えていない状態で、いくらトップスを変えてもサマになりません。服は常にボトムスから整えるべきです。

「ボトムス」と表現したのですが、パンツだけでなくシューズもとても重要な要素です。おしゃれに見えるかどうかは「パンツとシューズ」で7割が決まると言ってもいいでしょう。「ボトムス（パンツとシューズ）」の重要性」を認識するだけで、おしゃれはぐっと近づきます。

下の写真はトップスは同じTシャツですが、

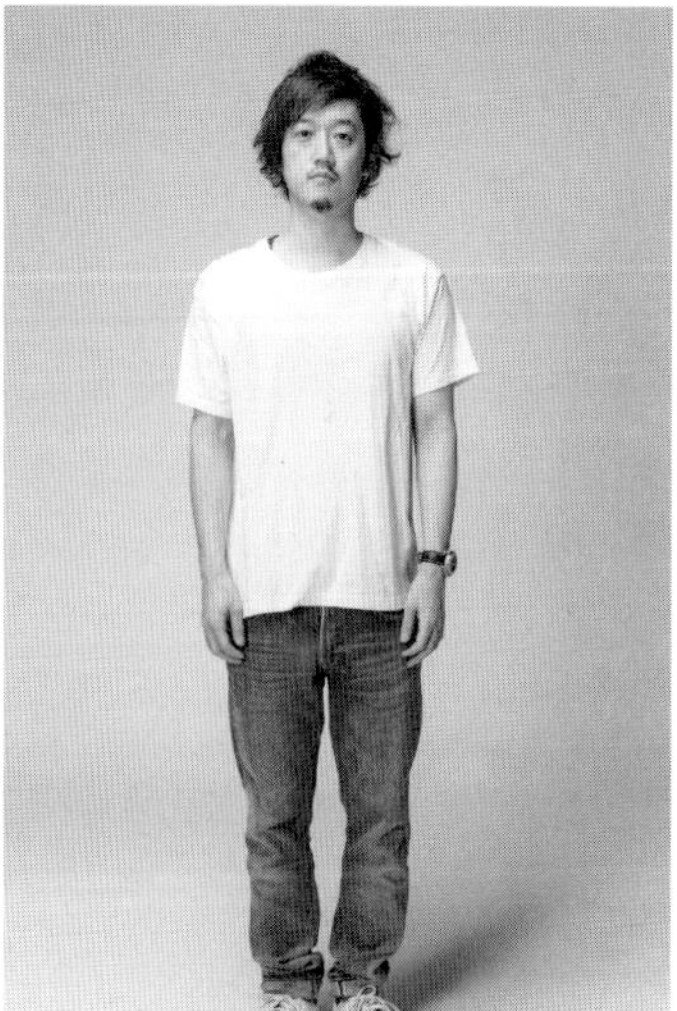

コンビニに向かうお兄ちゃん?

印象がまるで違います。ルーズなボトムスにスニーカーを合わせたものは野暮ったく、「コンビニに向かうお兄ちゃん」といった風体です。一方、シャープなボトムスに黒い靴を合わせると、大人っぽく「できるビジネスマンの休日」になります。なぜ、これほど違いが出るのでしょうか？

パンツとシューズの色を合わせて視覚効果を狙え

秘密は体型をキレイに見せる「視覚効果」にあります。

日本人体型の胴長短足を解決するのが「視覚効果」です。私たちの目は意外と不正確で、目の歪みである「錯視」は日常で頻繁に起きています。おしゃれはあくまで客観的な見た目にすぎませんから、その「視覚効果」を利用して脚長に見せればいいのです。

「視覚効果」はさまざまな種類があり、本章［着こなし編］でも語っていきますが、ここで紹介するものは脚を長く見せる「視覚効果」で「パンツとシューズの境界線をボカす」という基本中の基本です。

例えば、テレビやパソコンの画面を思い出してみてください。ディスプレイ

できるビジネスマンの休日！

まわりの「フチ」が黒と白、どちらのほうが画面は大きく見えるでしょうか？　黒のフチですね。なぜならば、画面とフチの境界線がごまかされるからです。画面が黒色で黒のフチだと、どこからが画面でどこからがフチなのかはパッと見ではわかりません。そのため白よりも黒のほうが画面は大きく見えます。

これを「パンツとシューズ」に当てはめます。ともに黒で統一すると、どこからがパンツでどこからがシューズなのか「境界線」がわかりにくく、パッと見たときに一体化して見えるので脚は長く見えます。

日本人の男性はアメカジの影響を過分に受けているので、パンツが黒系でも、お構いなしに白のスニーカーを合わせます。すると境界線がありありとわかり、胴長短足が強調されます。胴長短足は未熟で幼い印象を与えるので、大人っぽさを表現する「ドレス」からは程遠くなり、結果「なんだかよくわからないけどサマにならない」という現象が起きるのです。

白が絶対にダメというわけでありません。私もオールホワイトのスニーカーが大好きで何足持っていることか！　……ただし、脚を長く、スタイルよく見せたいときには着こなしのハードルが上がります。初心者の段階ではパンツと靴の色は同色で合わせたほうがサマになりやすいと覚えておきましょう。

また、「買ったジャケットが、〝とっちゃん坊や〟に見えてしまう」「身長が低いからロングコートが似合わなかった」「店員と自分とでは印象が違う」といった悩みがある人も、視覚効果を用いた脚長スタイルが有効です。印象を整えるのはボトムスですから、下半身さえ整っていればトップスは何を合わせてもサマになるものです。コーディネートの7割は「パンツとシューズ」で決まると肝に銘じてください。

ボトムスは「細み」を選べ

「パンツとシューズ」の関係について、もう少し突っ込んで解説します。

パンツはキュッと細い印象のものを選ぶことが原則です。とくに初期段階においては必須と言えるでしょう。

前章で述べたシルエットの基本を思い出してください。「I」ラインシルエット（トップスもボトムスも細い）、「A」ラインシルエット（トップスが細く、ボトムスが太い）、「Y」ラインシルエット（トップスが太く、ボトムスが細い）の三つがありました。

この三つのシルエットのうち二つは「ボトムスが細い」となっています。ボトムスが細ければ、トップスは太くても（「Y」ライン）、細くても（「I」ライン）成り立ちます。しかし、ボトムスが太ければ、トップスは細く（「A」ライン）なければ成り立ちません。

ボトムスは細みを選んだほうがトップスの自由度は高くなり、極端なことを言えばトップスは適当でもOKなのです。前章では「『A』ライン、『Y』ラインはメリハリが肝心なのでシルエットづくりがやや難しい」と述べました。「A」と「Y」ラインはトップスとボトムスのシルエット差をつくらねばなりません。そうなると、客観的にそれが伝わるように、細いものは細く、太いものは太くする必要があります。そこで、ボトムスはしっかりとキュッと細い印象のものをまず選びます。ボトムスが誰の目にも細いとなれば、トップスはなんでもありの状態になります。

ややゆるめのTシャツならば「Y」に、逆に細めのジャケットであれば「I」に。どんなトップスを選んでもOK。肝心なのはやはりボトムスです。ボトムスさえ細みに整えてあれば、トップスは手持ちのものでもサマになります。

しかし、逆に考えると、それほどまでにボトムスが重要だ、とも言えるのです。半端に細いものではなく、誰の目にも明らかに細みでなければキレイなシルエットは成立しません。

「細み」の決め手はノークッション

実際にショップで買う際の注意点ですが、店員が「このパンツは細みです」とすすめても、はくと「あれ?」というケースがよくあります。実は「細く見せる重要なポイント」を店員も理解していないことがあるのです。前述のとおり、シルエットを成立させるには「キュッと細い」印象が肝心。では「細い」印象とは、何をもって「細い」のでしょうか。実際に「細み」と言われているパンツをはいてみましょう。

細みでなかなかキレイです。これはユニクロの傑作「スキニーデニム」なのですが、試着した人のなかには、どこかルーズで野暮ったさを感じる人がいるかもしれません。「安物だから仕方ない」と判断するのは早計です。実はあるポイントを押さえればグッとキレイな印象に変化させることができるのです。

裾に注目してください、シワがたまっているのがわかります。これを「クッション」と呼びます。この裾のシワシワが野暮ったさの原因です。普段スーツを着ている人が休日にジーンズをはくと途端にダサくなるのは、クッションをケアしないからです。

洋服の印象とは「全体」よりも「先端」が重要です。パンツであれば裾、Tシャツであれば袖や首まわりです。洋服の「先端」部分は視線を集めるポイントで、先端が細いか太いかで全体の印象を決めるのです。店員は「シルエットがいい」とよく口にするのですが、「シルエットのよさ」が「全体」ではなく「先

野暮ったさの原因は足元

端」にあることを理解していません。

パンツの「クッション」も同様に、足元にシワがたまってクシャクシャしていると、どんなにシルエットが細みでもルーズに見えます。スラックスを思い出してみてください。スーツを買うときは、フィッティングして裾がたまらないように調整します。クッションが出ると途端にルーズでだらしなくなり、ビジネスシーンには不適です。

カジュアルのパンツも同じです。裾がクシャクシャしていれば、せっかくの細みシルエットも台なし。妙なボリューム感が出てしまい、中途半端なシルエットをつくってしまいます。洋服を見るときにチェックすべきは「先端」です。印象は「先端」に大きく左右されます。とくに「細いシルエット」を表現したいときは、先端にシワが寄っていないか注意してください。

次にクッションのない状態を見てみましょう。

まるでスラックスをはいているかのように大人っぽく、脚長に見えませんか？　とてもユニクロで買った3000円台のパンツには見えません。セレクトショップで購入した1万円オーバーのジーンズに早変わりです。クッションがほとんど出ておらず、細みのシルエットをきち

先端が印象を決める

んと表現できています。たかが裾ですが、全体で見るとそのキレイさが際立ちます。

つまり、裾さえ細くてキレイならば、全体も細く見えるのです。

中年体型や、スポーツ体型で腿が太く、こんなに細いパンツは、はけないという方もご安心を。本章の［着こなし編］にて、腿が太いパンツでもスキニー同様の印象を出す方法について語っていますので参考にしてください。

［ボトムス編］

最強のアイテムは黒スキニーデニム

ボトムスは「パンツとシューズを同じ色にする」「細みを選ぶ」「裾のクッションを出さない」という着こなしを提案してきました。

そんな条件を満たす、ズバリ世の男性が選ぶべきアイテムこそ「黒のスキニーデニム」です。スキニーとは身体にフィットした細みのパンツの総称で、なかでも黒はこれ以上ないほど万能アイテムです。

まず前章の「レベルアップ型コーディネート法」を思い出してみてください。①「デザイン」、②「シルエット」、③「カラー（素材）」の三要素のうち、二要素をロックしてしまうというものでした。

メンズファッションは「ドレスとカジュアルのバランス」が大原則です。しかしこの三つの要素それぞれで複合的にバランスをとろうとすると、大変頭を悩ませることになります。そこで二要素をドレス寄りにロックしてしまうコーディネート法が便利だと説明しました。

②「シルエット」は細みに、③「カラー（素材）」はモノトーンに。日本人は「ドレス：カジュアル＝7：3」のバランスが好ましいので、二要素をドレス

寄りに固定して、残りの①「デザイン」でバランスをとるとうまくいきやすい。

そうすると、使い勝手のいいパンツとは自然に「シルエットが細く、色がモノトーン」で、「黒のスキニーデニム」になります。①「デザイン」でいえば、黒のスラックスも条件に当てはまるのですが、スラックスは「ドレス」の代表アイテム、トップスや小物でカジュアルにバランスをとる必要性があり、少し着こなしの難易度が上がります。

スキニーデニムは「デニム」ですから、カジュアルな雰囲気があります。しかし黒色でこれ以上ないほど細みなので、ドレスな雰囲気もあります。このようにドレスとカジュアルのバランスが単体でとれているものを私は「ハイブリッドアイテム」と呼んでいます。

「ハイブリッド」はそれだけでコーディネートが完成する

ハイブリッドアイテムはドレスにもカジュアルにも自然となじみます。例えば「街着」として黒のスキニーデニムにシャツを合わせます。デニムのカジュアル感がシャツのドレス感を少し消して「ドレスとカジュアルのバランスは7：3」になります。これが黒のスラックスであればドレス一辺倒になり、単なるビジネススタイルになりかねません。

また黒のスキニーデニムに、プリントTシャツを合わせても問題ありません。スキニーの「黒い」「細い」といったドレス要素が、Tシャツのカジュアルな雰囲気を打ち消してくれます。バランスとしては理想の「7：3」よりはいくぶんカジュアル寄りですが、これがインディゴのデニムならば一気にカジュアル化してしまい、「街着」ではなく、コンビニに行くときのリラックススタイルになってしまうでしょう。

「スキニーって超細いパンツのことでしょ。40代には厳しいな……」と年代や体型を気にして遠慮する方も少なくないのですが、まったく問題ありません。なぜなら、スラックスもインディゴデニムも誰もがはくアイテムであり、その中間に位置する「スキニーデニム」がダメなわけがないからです。

また最近のスキニーデニムは素材開発が進み、伸縮性があり着心地も昔のように難がありません。ゴムのように伸びてフィットする素材も多く、体型を気にしている方もほとんど抵抗なく着用できるはずです。

多くの人は「インディゴデニムがいちばん着まわしやすい」というのですが、これは誤りです。どんな根拠で流布しているのか疑問ですが、インディゴデニムはカジュアル感が強く、トップスや小物でドレスに寄せなければバランスがとれない難しいアイテムです。

一方で「黒スキニーデニム」はハイブリッドなので、適当なトップスでも簡単にサマになる魔法のアイテムです。洋服の本場、海外のファッションスナップで、黒のスキニーデニムが定番なのは、こういった理由があるからです。初心者のみならず男性が持つべき万能アイテムだと言えるでしょう。

「裾幅」と「素材」に注意して良品を選ぼう

まず、選ぶ際には注意点が二つあります。一つは「裾幅」です。スキニーは「裾に向かって吸いつくように細い」形がポイントです。フィットした極端に細い形のおかげで、カジュアルな「デニム」素材であってもドレスライクな見た目になっています。名称こそスキニーであっても、はいたときに足首がやたらと余るものもあるので注意しましょう。

二つ目は「素材」です。デニム生地は「縦糸」と「横糸」と呼ばれる二本の糸でできています。通常、デニム生地は「縦糸は染めたもの」を、「横糸は染色していない白糸」を使います。二色の異なる糸を使うので、はきこむと白っぽいヴィンテージライクな表情が出ます。しかし、「黒のスキニーデニム」には、デニムのメリットであるこの白っぽさが仇となってドレスライクな表情を損なってしまいます。

「縦糸」も「横糸」もどちらも黒く染めた素材、「ブラック×ブラック」と呼ばれるデニム素材を選ぶ必要があります。「ブラック×ブラック」は、白っぽく変色しにくいうえ、通常のブラックデニムよりも深く黒い色に見えます。通常のブラックデニムは色落ちする前から、縦糸の隙間から微妙に横糸が見えるため、「真っ黒」ではなく「グレーっぽい黒」になっているのですが、「ブラック×ブラック」であれば、スラックスのようなドレス感たっぷりの「真っ黒」に見えます。

見分け方はデニムの裏側を確認しましょう。縦糸は表から見えて、横糸は裏から見えます。「ブラック×ブラック」は表も裏も同じ色ですが、通常のデニムは表が黒でも、裏は白っぽくグレーっぽい色になっています。

次から紹介するモデルはすべて「ブラック×ブラック」を使っています。

「黒のスキニーデニム」オススメのブランドとは？

オススメその①は「ヌーディージーンズ」。

２００１年に生まれたスウェーデンのデニムブランド。ハリウッドセレブや海外ミュージシャンに愛用者が多く、世界的に愛されているデニムブランドです。デニムを「第二の肌」と表現し、肌に近い感覚ではけるタイトなモデルを多く展開しています。

なかでもオススメモデルは「THIN FINN」。前述の条件「裾幅」と「素材」、いずれも満たし、シルエットも大変キレイです。とくに面白いのは視覚効果を狙ったバックポケットの位置。お尻にあるポケットが通常より下に位置しているため、「腰ばき」しているように見えます。「普通でも腰ばきしているように見える」ということは、普段よりも脚長に感じさせるということです。このバ

バックポケットの位置が低い（右）

ックポケットのデザインによって後ろ姿が脚長に見えるため、一度はくと中毒になる魅力があります。

オススメその②は「ラウンジリザード」。

日本国内でもっとも長くスキニーデニムをプッシュし続けているブランドだと思います。１９９８年のブランドスタート以来、一貫してスキニーデニムをつくり続け、代表的なモデルである「スーパースリム」は、微妙な形の変化こそあるものの、もう何年も同じシルエットを提案しています。数年はいてボロボロになったら、また同じものを買うというリピート購入が多いのも特徴です。業界内でも愛用者が多く、「デニムだけはラウンジリザードじゃないとダメだ」という人も。

形質もさることながら、ヌーディージーンズなどに比べて価格が手頃です。1万円台前半で購入できるモデルも多く、コストパフォーマンスに優れています。各都道府県に1店舗は取扱店があるので、ぜひ試着してみてください。裾のフィット感からくる形のよさに驚くはずです。

オススメその③は「ユニクロ」。

「スキニーフィットテーパードジーンズ」は世界中を探してもこれ以上コスト

パフォーマンスの高いものはないでしょう。ユニクロといえば「万人向け」を想像しがちですが、大型店舗限定にすることで、決して万人向けとはいえないモデルもつくっているのです。フィット感のある裾と「ブラック×ブラック」素材でドレスライクな雰囲気に仕上げています。

後述する私が製作した「MBスキニー」のアドバイザーも「この値段でこんなパンツつくっちゃうんだから、ユニクロには敵わない」とおっしゃっていました。縫製、素材の両面から見ても圧倒的なコスパを誇っています。

またここで挙げているほかのブランドよりも、ウエストまわりはややゆったりとしていて、はき心地を考えているのも特徴の一つです。

オススメその④は「MBスキニー」。

メルマガ読者から「理想のスキニーをつくればいいじゃないですか！」と言われ、私自身が製作に携わったアイテムです。これまで挙げてきたスキニーもすべて持っているほど気に入っているのですが、それでも、海外のファッションスナップのようにはいきません。日本人特有の体型であっても、パンツのパターンや素材感でどうにか欧米人のスラリとした長い脚に近づけられないものか、と自分で理想のパンツをつくってみたのです。

いくつもの国内デザイナーズブランドを立ち上げてきた実力派デザイナーの

白谷直樹氏をアドバイザーに迎えて、シンプルでシルエットだけを突き詰めたパンツを開発、パーツや素材などで妙なこだわりを出さず、とにかくパッと見て「キレイ!」と言われる最高のシルエットを求めて製作しました。chapter4「偏愛アイテム」でも紹介しているので、ここで詳細は語りませんが、最高で完璧なスキニーデニムができたと自負しています。もちろん、私は毎日はいています。

なお、「MBスキニー」は数量限定生産で初回分はすでに完売しています。今後1年に2回だけ、メルマガ読者を対象にオンライン上で受注を行い、生産を受け付ける仕組みになっています。

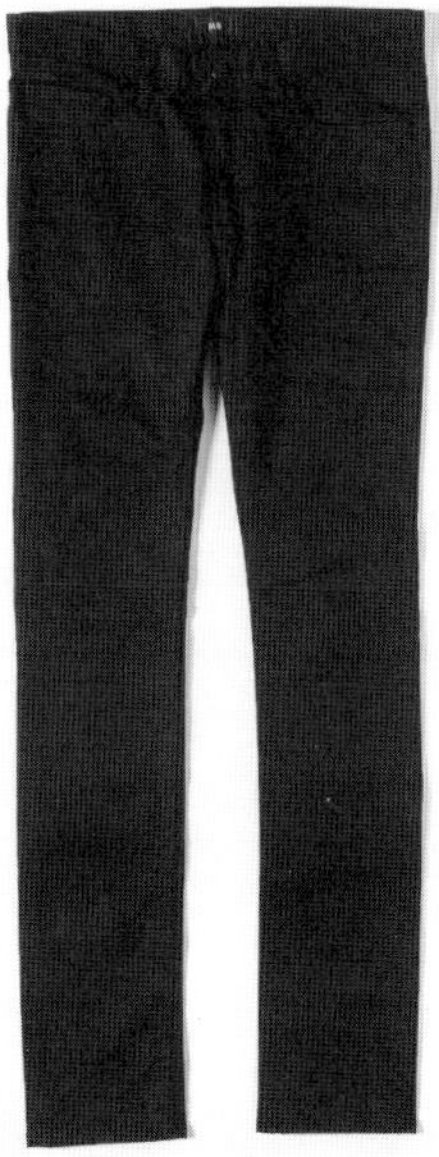

style23(P175)ほかでも着用

［ボトムス編］

シューズも「ドレス」寄りを選べ

シューズはパンツと合わせてボトムスの印象を整える重要な役割を担っています。前項の「パンツとシューズの色を合わせて視覚効果を狙え」でも語ったとおり、体型をスラリとキレイに見せるためにも、パンツとシューズはまず「境界線をぼかす」ことに着目して選びましょう。

ボトムスの最強アイテムが「黒のスキニーデニム」であるとすれば、おのずと靴も「黒」を選ぶことになります。また靴など、コーディネートの「先端」は視線が集中する重要ポイントです。「おしゃれは靴から」という格言もあるように、靴は先端であるがゆえに、パッと見たときにとても目立ちやすい箇所なのです。

そんな視線が集中しやすい靴に装飾が多ければ、視線が靴にいってしまい、ボトムスとシューズの「境界線をぼかす」という目的が果たされません。まず一足目を買うのであれば、なるべく目立たずシンプルなものを選びましょう。

そういった理由から、ゴツいベージュのレースアップブーツや、大学生が履いているブーツの端を折り返すとチェック柄になっていたりするものはNGです。「ドレス寄りにバランスをとる」という意味でも一足目は黒でシンプルなものに限ります。

肝心なのは「部分ではなく全体を見る」ということです。「チェック柄でかわいい！」「ステッチが凝っていてカッコいい！」は、確かに「部分」で見ればそうかもしれませんが、コーディネートという「全体」で見たときに、一体どのように作用するのか意識すべきです。おしゃれはあくまで「全体」でバランスをとることが重要なのです。

さて、一口に靴を選ぶといっても、ブーツ、短靴、スニーカーとさまざまな選択肢がありますが、選ぶべきは「ドレス」を感じさせる大人びたレザーのブーツや短靴です。

男性が大好きなスニーカーは、バランスがとりにくいアイテムです。足元が黒の革靴、ボトムスが黒スキニーでノークッションであれば、トップスは適当でもそれなりにまとまるものです。下半身で印象を整えておけばあとは楽なので、シューズ選びもスニーカーではなく、まずはレザーシューズ、レザーブーツを優先するといいでしょう。

なるべく存在感のないブーツ、レザーシューズを選べ

ブーツや短靴は、何もデザインがないくらいにシンプルなものがいい。「ウ

イングチップなどの装飾が入った靴はダメなの？」と、靴に一家言ある方は思ったかもしれません。しかし「部分」ではいくらかっこよくても、「全体」で見た場合の合わせやすさでいえば、シンプルなほうに軍配が上がります。

足元はただでさえ視線を集めやすく、そこへ装飾や切り替えなどが入っている靴がくると、過剰に視線を集めます。パンツとシューズの境界線に目がいき、視覚効果が得られません。ですから、靴はなるべくシンプルで目立たず存在感のないものが正解なのです。

また「体型隠し」のために厚底を選ぶ人もいるのですが、これも誤りです。厚底は確かに顔の位置が上がり、身長は高くなります。しかし、厚底で靴のボリュームが大きくなると、視線を集め、パンツとシューズの境界線がはっきりしてしまいます。すると実際の脚の長さが強調され、結果「脚は短く」見えるのです。

「おしゃれに見せる」「雰囲気イケメンに見せる」「大人っぽくかっこよく見せる」といったことは、身長の高さとは無関係です。肝心なのは体型のバランスと、組み合わせているアイテムのバランス、着こなし方です。

よって正解はなるべく薄底です。靴底はできる限り薄いほうが、視線を集め

style33（P181）ほかでも着用

ずにすみます。パンツとシューズの色を同じ黒で合わせてしまえば、境界線はごまかされ、見た目にスラリとキレイな体型がつくれます。形も同様に、変につま先が尖っていたり、丸っこくデカいものなどは選ばずに、全体的に細みでシャープなものを選ぶといいでしょう。

それでも背の低い人が、背を高く、かつ脚長に見せたい場合は、薄底でヒールの高い靴がオススメです。薄底でかかとが高いぶんには、視線をさほど集めることなく身長を高く見せることができます。

では、具体的なブランドといわれると、私は真っ先に「パドローネ」を挙げます。国内発で最近多くのセレクトショップが取り扱っているシューズブランドです。もともとはコムデギャルソンなど数々のコレクションブランドの下請けとして靴を製作してきたので、職人気質な地力を持っています。派手なデザインが先行するブランドとは違い、実力派として人気を博しています。

デザインはシンプルで、かつ長く使える質の高さもあります。それでいてデザイナーズブランドのような値段ではなく、適正価格を保っています。長く使える一足を、と考えている人に自信を持ってオススメできます。

基本のスニーカーは「黒のコンバースオールスター」

「ブーツやレザーシューズは高くて買えない」という方にスニーカーも紹介しておきます。スニーカーは意外と着こなしが難しいと書いたばかりですが、革靴ライクなものを選べばドレスな表情に見せることも可能です。

スニーカーと聞くと、ボリュームのあるデザイン、派手な色の切り替え、ナイキやアディダスといったブランドをイメージすると思いますが、これらは最初の一足には不向きです。靴は「目立たないデザインで視線を集めないようにする」のが鉄則ですから、スニーカーも「シンプルなデザイン」「薄めの靴底」「細みの形」が基準になります。もともとスポーツアイテムなので、これらの条件とは正反対なスニーカーが多数です。とくに薄めの靴底となると、かなり限られてきます。

そこで選ぶべきは「コンバースオールスター」です。オールスターは細くシャープです。靴底もかなり薄く、目立つ位置にマークもなく、紐で結ばれたデザインのみ。ナイキやアディダスにもいいものはありますが、「ドレスとカジュアルのバランス」を考えると、もっとも使い勝手がいいのはコンバースオールスターです。

まずは黒スキニーデニムに合わせて、黒のコンバースオールスターを手に入れましょう。形はローカットではなくハイカットです。パンツ選びの注意点として、「裾はクッションを出さない」と書きました。必然的に裾は少し短めになるので、ロー

丸紐でよりドレスに

カットだと素足や靴下が見えてしまいます。そういった着こなしもありますが、まず初心者は「脚長」に見せるため、パンツとシューズの境界線をごまかすハイカットが最善です。

また、写真の左足は平紐をロウ引きの丸紐に変更してあります。靴紐には平紐と丸紐の二種類あり、平紐はスニーカーに、丸紐は主にドレスシューズに使われます。カジュアルなスニーカーにドレスな丸紐を使うことで、より大人っぽく見えるかと思います。スニーカーはどうしても子供っぽいという方は、まるで違う印象になるので一度試してみるといいでしょう。

スニーカー以上革靴未満な万能シューズ「エスパドリーユ」

最後に革靴でもスニーカーでもない、低価格だけど革靴並みに大人っぽく見える靴を紹介します。それが「エスパドリーユ」です。

スペインの伝統工芸品であるエスパドリーユはここ数年で日本市場にも広がり、大手セレクトショップでも見かけるようになりました。私はその前より愛用しており、夏はエスパドリーユしか履かないほどです。

スペインでは部屋用でもあるため、スリッパ状のデザインで、きちんと履かずにかかとを踏んでつっかけて履くこともできま

style04（P163）ほかで着用

す。スリッパを想像すればわかるとおり、靴はつっかけて履くと足から簡単に抜けてしまいます。そこでエスパドリーユは足から抜けにくいようにどれも比較的細みにつくられています。

また、デザインは簡素なものが多く、スニーカーのような切り替えも、縫い目や紐さえもありません。スニーカーよりもはるかにシンプルで細み、またレザーではないぶん、革靴よりもカジュアルと、「スニーカー以上革靴未満」といったアイテムなのです。

「夏場の革靴は蒸れて嫌だ」という方も「スニーカーだとカジュアルすぎて嫌だ」という方も、見事に両方ともクリアしているハイブリッドアイテムがエスパドリーユです。

簡素なつくりだけに値段も手頃。キャンバス素材のものならば2000円程度で買えてしまいます。「格安だから形が悪い」なんてこともありません。

ただし通気性のいいデザインであるため秋冬の着用には不向き。春夏限定ではありますが、スニーカーよりもドレスライクで、革靴よりも手頃な超オススメ靴。まだ一般には普及していないので、ぜひ手に取ってみてください。それだけでサマになるハイブリッドアイテムとして、スキニーデニムとの相性も抜群です。

［トップス編］

テーラードジャケットの選び方&合わせ方

さて、ここからは［トップス編］です。まずはメンズファッションの一張羅ともいえるテーラードジャケットについて。「テーラードジャケット」とは、簡単にいえばスーツの上着です。男性にとってはいちばん見慣れたトップスで、正装でもあります。前章で述べた大原則、「ドレスとカジュアル」でいえば、もちろんドレスなアイテムに分類されます。

元来イギリスの文化である「スーツ」はアメリカや日本などにも影響を及ぼし、正装、仕事着として世界的な広がりを見せています。と同時に、いつしかカジュアルでスーツの上着だけを着る「テーラードジャケット」というスタイルも普及してきました。

そうしてカジュアル化が進むとともに、綿素材、麻素材を使ったテーラードジャケットなども生まれ、形も本来のスーツにはないルーズなシルエットであったり、袖のカフスやポケットを省略したりと、さまざまなバリエーションが誕生しています。

一方、スーツのほうもカジュアルに歩み寄り「日常使いできるスーツ」といったアプローチで、麻のスーツや綿のスーツ、カジュアル寄りのディテールと、現代ではドレス用なのかカジュアル用なのか判別がつかないアイテムも生まれています。

スーツの上着を普段使いしていいのか?

よく「スーツの上着とテーラードジャケットの違いは?」という質問を受けます。前述のとおり、スーツの上着と街着用で境界線を設けていないブランドも多く、「上着だけでも使えるけど、同素材のスラックスも買えばスーツとして正装でも使えるよ」という商品も多く見かけます。「スーツの上着」と「街着用のテーラードジャケット」は限りなくボーダーレスになっています。

と書いてしまうと、「手持ちのスーツの上着を街着としてもOK」と思うかもしれませんが、注意が必要です。

というのも、「コナカ」や「はるやま」など、ビジネス目線で「消耗品」として大量に販売されているスーツショップのものを、テーラードジャケットとして活用するのは危険だからです。

これらラインナップには優れた形のジャケットもあるとは思いますが、大半はシルエットに難アリです。量販店はあくまで「スーツを日常的に仕事着として使う人向け」であって、シェイプ(腰のくびれ)を避けたり、肩幅を広めにしたり、誰でも着られる形にしています。ビジネス向けに機能性や運動性に配慮しているため、シルエットは二の次であることが多いからです。

もっともスーツとして着るには問題ありません。ジャケットとスラックスを同じ素材、同じ色で合わせているので、たとえ機能性重視の形であってもひとつながりに見えるため、多少のシルエットの悪さはごまかせます。しかし、街着として使うとなるとそうはいきません。機能性重視のジャケットをデニムに合わせてしまうと、シルエットの悪さが際立ちます。

私も手持ちのパーティー用のスーツをジャケット単体で使うことがあるのですが、量販店のスーツの上着を街着として使うのは難しいと思ってください。

「カジュアルなジャケット」を買ってはいけない

テーラードジャケットが正装だといっても、すべてが「ドレス」ではありません。例えばポケットがついていたり刺繍が入っていたり、肉厚のデニム素材だったり、ゆったりとしたルーズなシルエットであれば、カジュアルな印象になるでしょう。

前章で述べたとおり、洋服の印象は、①「デザイン」、②「シルエット」、③「カラー（素材）」の三要素で決定します。デザインだけでなくシルエットやカラーも「ドレスとカジュアル」を区別する重要な要素です。いくらデザインがテーラードジャケットでも、カジュアルなコットン素材と、カジュアルな青色であれば、それはカジュアルアイテムである「ブルゾン」に近いもので、ドレスという印象は皆無です。

そういったカジュアルライクなジャケットではなく、まずはドレスアイテムとしてのテーラードジャケットを一着持っておくべきです。素材はウール、シルク、モヘアなど光沢のあるものがオススメです。シルエットもルーズなものではなく細いものを選びましょう。

これまで述べてきたとおり、日本のアパレル市場はアメカジの影響によってドレスに調整できるアイテムが極端に少ない状態です。スラックスを街着としてはく人はほとんどいませんし、街着の足元といえば、スニーカーが圧倒的です。テーラードジャケットやドレスシャツなど数少ないドレスアイテムを揃えておくと、今度は手持ちのカジュアルなアイテムが活きてきます。コーディネートの幅が広がり、合わせが断然楽になるでしょう。

chapter4「偏愛アイテム」では、ラウンジリザードのスーツを紹介していますが、ドレスライクなテーラードジャケットのお手本です。ぜひ参考にしてください。「そんな高い服買えないよ」という方は別に高価なものでなくても構いません。ユナイテッドアローズやナノユニバースなど、大手セレクトショップのオリジナル品であれば、1万円ほどで買えるモデルもあります。肝心なのはあくまでドレスライクなものを選ぶことです。

［トップス編］

シャツの選び方&合わせ方

スーツのインナーである「シャツ」も貴重なドレスアイテムのひとつです。Tシャツやカットソーよりもカッチリとした大人っぽい印象を与えてくれます。シャツの大人っぽさは「衿」に起因しています。「衿」は、体型をキレイに見せる視覚効果があるデザインです。衿の効果は本章［着こなし編］にて後述しますのでご参考に。

さて、数少ないドレスアイテムであるシャツですが、テーラードジャケット同様に、シャツならばなんでもドレスになるわけではありません。例えば、デニム素材は明らかにカジュアルですし、ポケットやワッペンがたくさんついたシャツもドレスアイテムにはなりません。

ここでも三要素、①「デザイン」、②「シルエット」、③「カラー（素材）」に着目して、どれがドレスライクなのかを判別するといいでしょう。

シャツ選びは袖と裾に着目せよ

まず選ぶべきは当然「白シャツ」です。スーツで使うシンプルで細め、また素材は艶のある薄手です。「スーツ」をお手本にすれば、自然と「ドレスなシャツ」が見えてきます。要素別に確認しましょう。①「デザイン」はポケットや刺繍などの少ないシンプルなもの、②「シルエット」は細み、③「カラー（素材）」は白、艶のある薄手となります。

「style25」をご覧ください。デザインはシンプルで、形は細く、色は白と理想的です。「スーツのシャツがお手本なら、スーツ用を着ればいいのでは？」と思うかもしれませんが、スーツ用のシャツは着丈や袖が長くバランスが悪いため、「街着」には不向きです。

スーツ用のシャツはジャケットの中に着ることが前提になっています。そのため、シャツの袖がジャケットの袖から少し見えるよう長めの袖丈になっていて、また、パンツの中にシャツの裾を入れるために着丈も長めです。街着ではシャツの裾を出して着ることが大半なので、袖も裾も長すぎてルーズになってしまうのです。

ボトムスの項で、服の印象を決定づけるのは「先端」だと書きました。シャツも同様に身幅や肩幅はさして重要ではなく、裾や袖の印象のほうが強いので

style25（P176）

す。シャツ単体で「細くシュッとしている」ことを表現できなくては「ドレスライク」とはいえないので、着丈はやや短く、袖先は親指の付け根あたりに届くくらい、といった点を意識して選ぶといいでしょう。

実際に買う際の注意点として、店員が服を背中に当てて「肩幅が合っているので大丈夫です」と言ったとしても、あまり意味がないということです。肝心なのはあくまで裾や袖先です。

シャツは高価なものを買う必要はありません。「style25」で私が着ているのはユニクロのシャツです。裾と袖さえ意識すれば別に高価なものを買わずともサマになります。

また、ユナイテッドアローズなど大手セレクトショップで売っている街着用のシャツは裾や袖の長さが最適に調整されているものが多く、1万円以下で買えるものもあります。ユニクロよりも少しいいものを、と思う方はそちらでもいいでしょう。

手持ちのシャツでもキレイなシルエットに見せる方法があります。こちらについては本章［着こなし編］で後述するので読み進めてください。

［トップス編］

カットソーの選び方&合わせ方

誰もが愛用しているカットソーやTシャツはどんな基準で選ぶべきでしょうか。ここまでジャケットやシャツなど「ドレスアイテムを揃えよう」と書いてきたのですが、ドレスアイテムだけでは街着の基本である「ドレスとカジュアルのバランス」がとれません。ドレスとカジュアルの「カジュアル」面を支えるのがカットソーです。とくに春夏秋の三シーズンにおいて、一枚着としてもインナーとしても大活躍するアイテムです。

chapter1で「コーディネートをロックする方法」を紹介しました。洋服の三要素である、①「デザイン」、②「シルエット」、③「カラー（素材）」のうち、②「シルエット」はすべて細み、③「カラー（素材）」はすべて白か黒かグレーのモノトーンといったように二要素をドレスにロックしてしまう方法でした。これをカットソーというアイテムに当てはめてみます。

まず、①「デザイン」ですが、カットソーは衿もなく下着に近いイメージもあり、ラフな雰囲気なので「カジュアル」です。そこへカラフルな色や、ルーズなシルエットをもってくるとカジュアル感が強くなりすぎるので、②「シルエット」は細み、③「カラー（素材）」はモノトーンに決まります。細みでモノトーンの大人っぽいものを選ぶことで、カットソーはぐっと着こなしやすくなります。

また「細み」の基準ですが、これはシャツと同じです。着丈はお尻にかかるくらいで袖も長すぎないものを。しかし、着丈は短すぎてもダメです。着丈が短いと腰の位置がハッキリして、脚の長さがごまかせません。脚がどこからはじまっているかをわかりにくくするため、着丈は腰の位置を少し隠すくらいとイメージすると選びやすくなります。

人は見えないものについて、いいように想像して補うものです。このあたりは本章［着こなし編］でも述べますが、「隠す」べきところと「出す」べきところを使い分けることで体型はいくらでもごまかしが利くのです。

使用頻度の高いカットソーは2枚990円で十分

半袖と長袖で黒白の二色、計4枚を持っておくのが理想です。とくに白はインナーとして多用するので最初に揃えておきましょう。メンズファッションではジャケットなどの羽織るものが多く、商品を買い付ける際は、私だけでなくどのバイヤーも圧倒的に黒を多く買い付けます。市場にあるメンズのアウターはほとんど黒なので、インナーを黒にしてしまうと、着こなしが難しくなります。まずインナー用としては白を持っておくと便利でしょう。

使用頻度の高いカットソーですが、ムダに高いものを買う必要はありません。「偏愛アイテム」でユニクロの2枚パックで990円(+消費税)という半袖カットソーを紹介しているのですが、着丈も袖もちょうどよく、黒も白も展開しているのでオススメです。

ネックは「ちょい開きクルーネック」が狙い目

カットソーは首元の選び方にコツがあります。Vネックか、クルーネック(丸首)か、Uネックか?

首が詰まった状態、いわゆる丸首がクルーネックです。Vの字にカットされた状態がVネック。クルーネックをUの字の形に広げたものがUネックで、首が詰まっていて、ボートのように横に広いのがボートネックです。これらはそれぞれ特徴があるのですが、まず選ぶべきはクルーネックです。

首元は視線を集める重要ポイントです。首まわりが開いたネックは肌を見せ、色気を感じさせます。クルーネックよりも肌の露出が多いVネックのほうが色気はあるのですが、何事もやりすぎは禁物です。

我々の感覚は「自然」や「普通」を好みます。あまりにもわざとらしい着こなしや、あえてそうしていることがありありとわかると途端に嘘っぽく見えます。おしゃれは「自然にかっこをつける」ことが肝要で、「え? オレおしゃれなんて興味ないよ? 自然にやったらこうなったんだよフフフ」というのが理想的なのです(笑)。

首元を極端に広げて、派手なアクセサリーをつけて、「いかにもカッコつけています」といった不自然なスタイルは、街着ではなくステージ衣装です。

そういった意味で直線的に首元をカットしたVネックは「いかにも」といった雰囲気が滲みます。Vネックが好きだという人は、なるべく浅めのVネックを選ぶといいでしょう。

その点、もっとも自然に見えるのがクルーネックです。少しだけ開いたクルーネックならば色気もプラスでき、バランスがいい。Uネックのように広すぎるとまた難しいので、あくまで〝少し〟が理想です。

そこで「style12」の開き具合が参考になります。首の詰まったクルーネックも自然でいいのですが、デートや合コンなど、色気を出したい場面では、少し開いたクルーネックや、浅めのVネックを選んでみましょう。

style12(P167)

［トップス編］

ニットの選び方&合わせ方

「ニット」と一口にいっても、サマーニットという夏物が存在するくらいさまざまあります。ここでは、「おしゃれに見せるため」という点に絞って書いていきます。メンズファッションの大原則「ドレスとカジュアルのバランス」において、ニットは「ドレス」でしょうか、カジュアルでしょうか。

実は「ニット」もテーラードジャケットやドレスシャツと同様に、貴重なドレスアイテムのひとつなのです。ビジネスマンは冬場にジャケットとシャツの間にニットを着ることがあります。スーツで使うニットは無地でシンプルなデザイン、細みシルエット、艶のある素材でモノトーンです。

ここまではカットソーやシャツと同様ですが、異なるのは編んでつくることです。ニットは編み目の大きさで三種類に分類され、ローゲージはいわゆる「ざっくり」ニット。編み目が非常に大きく、柄などをつけたものも多いです。ハイゲージは高密度のニット。編み目がパッと見ではわかりにくいほど細かく、艶のあるものが多い。ミドルゲージはそれらの中間になります。

ドレスライクなハイゲージニットを手に入れよう

編み目が大きいほど素朴でカジュアルな印象になり、細かいほどドレスなアイテムになります。スーツのインナーに着るニットはハイゲージで、艶がある細かい編み目です。

貴重なドレスアイテムと指摘しましたが、ドレスライクなニットを選ぶうえで重要なポイントは次のとおり。①「デザイン」は無地でシンプル、②「シルエット」は細み、③「カラー（素材）」はモノトーンでハイゲージです。

参考としてchapter4「偏愛アイテム」でツキドットエスのハイゲージニットを紹介しています。高価なものを選ぶ必要はありませんが、ああいった雰囲気のものを選ぶといいでしょう。

またニットは素材がコットン、リネンやウールとさまざまですが、リネンは通気性がよく春夏向き、ウールは防寒性が高く秋冬向きです。秋冬にリネンを着ないわけではありませんが、春夏に買ったものは春夏に、秋冬に買ったものは秋冬に着ることが基本です。シーズンに合った素材を選ぶのが自然で、おしゃれの基本はあくまで「自然」であることなのです。

［トップス編］

コートの選び方&合わせ方

おしゃれに興味がある人であれば、誰もがロングコートを颯爽と着こなしてみたいはずです。細みのボトムスにロングコートを羽織ったスタイルは海外スナップでも定番の着こなし。しかし、「合わせるのが難しそう」とか「身長が低いから着せられている感じになる」といった意見をよく耳にします。

実は身長が低い、体型のバランスが悪いといったコンプレックスを抱く人こそロングコートを着るべきなのです。

まず漠然とロング丈に抵抗のある人がいます。メンズはブルゾン、ジャケットなどショート丈が圧倒的に多いため、見慣れないロング丈に直感的に違和感を覚えるのは理解できます。実際に街を歩いてみても男性はショート丈が圧倒的に多く、ロング丈を着ている人はビジネスマンに多い。だからこそ街着として着ると圧倒的に差がつけられるアイテムでもあります。

まず、多くの人が誤解しているのですが、ブルゾンやジャケットなど丈が短いアウターはウエスト位置が目立ち体型がはっきり出ます。その対処法は後述しますが、反対に、丈が長いロングコートはウエスト位置をすっぽり隠してくれるので、胴長短足であることがバレにくい。ブルゾンやジャケットよりも余程合わせやすく、サマになりやすいアウターがロングコートなのです。

また漠然とした抵抗感ではなく、以前ロングコートを着たときに「似合わない」「着せられている」という印象を抱いたのであれば、それは身長や体型のせいではなく、合わせたボトムスが悪かったのです。

ロングコートを着るうえで守るべきたった一つのルールは、もうおわかりだと思いますが、スッキリ細めの下半身をつくること。これだけです。

実は簡単なロングコートの着こなし

ロングコートはトップスにボリュームを与えます。たとえ細みのロングコートであっても、ショート丈にはない面積なので、トップスにボリューム感がでます。②「シルエット」は肩幅や身幅が細いか太いかだけで決まるのではなく、アイテムの面積にも左右されます。

このとき、「細みのロングコートだからAラインをつくって、太めのボトムで合わせよう」という試みはたいてい失敗します。コートがいくら細みでも、ロング丈によってコーディネートに占める面積が圧倒的に大きく、広ければ視界に入ってくる量も多くなり、当然印象も強くなります。するとトップスにボリュームが生まれ、そもそも「A」ラインが成り立たないからです。

メンズの体型を美しく見せてくれる基本シルエットは「I」「A」「Y」の三型

ですが、トップスにボリュームがある場合は、この三型のなかでどのシルエットを選ぶべきかといえば、答えは簡単で「Y」ラインです。トップスにボリュームがある以上、ボトムは細くせざるをえないのです。

もちろんほかにもシルエットはありますし、太いボトムでロングコートをカッコよく合わせることもできます。私もゆるめのスウェットパンツとチェスターコートを合わせることも……しかし、これが難しい。ボリュームアウターにボリュームボトムの合わせは体型が完璧な外国人ですら難しいスタイルです。

だからこそ、身体のラインをもっとも美しく見せてくれる基本シルエット三型に忠実になるべきなのです。

まず鉄則として、ロングコートはスキニーパンツなどでスッキリ細めの下半身をつくると覚えておいてください。「スッキリ細めの下半身」は前項の［ボトムス編］で述べたとおりです。

ボトムスのつくり方を徹底してロングコートに合わせれば、驚くほど大人っぽくキレイな印象をつくれます。初心者だからまずはスタンダードなジャケットやブルゾンではなく、初心者こそ冬は真っ先にロングコートを手に入れてください。

〔小物編〕

アクセサリーは「全体」と「先端」のバランスで決まる

世の中の男性には、アクセサリーが大好きで持っているものをすべてつけたいという方がいます。クロムハーツなどこだわりのアクセサリーをリング、ネックレス、ウォレットチェーン、ブレスレットとジャラジャラとつけている方がいます。

シルバーアクセサリーの一つ一つには職人の意匠が詰まっていて、見惚れてしまうものも数多くありますが、それらアイテム単体の完成度と、コーディネート全体に与える印象はまったく別です。おしゃれはアイテム単体で決まるものではなく、コーディネート全体で決まるのです。

また、おしゃれは「自然な見た目」が大前提です。「俺カッコいいだろ?」というアピールが透けて見える着こなしは、嘘っぽく安っぽく見えます。

そういった意味ではアクセサリーの存在はとても難しく、本来「つける意味」のないアイテムです。洋服ならば防寒性など機能的な意味もありますが、アクセサリーにはありません。装飾、着飾ることが目的ですから、そもそも自然に見せるということ自体が難しいのです。とくに目をひく輝きのあるシルバーは、恣意的な印象になります。装飾品は最低限度に抑えるという前提があるうえで、効果的な身につけ方を考えてみましょう。

まずオススメなのが、半袖の腕元です。手首は体の先端部分で、視線を集める箇所です。視線が集中するのに素肌で何もない状態だと、妙に寂しさを感じさせます。長袖と半袖の印象を鏡で比べれば一目瞭然ですが、腕元に何もない、というのは思った以上に寂しい印象になります。そこでシンプルなブレスレットを合わせると途端に印象がまとまります。私もワカミのブレスレットを常時身につけています（chapter4「偏愛アイテム」を参照）。

そういった「全体」と「先端」のバランスをちゃんと意識したうえで身につければいいのですが、単にアクセサリーが好きだからといってジャラづけは厳禁です。輝きを伴うシルバーアクセサリーは少なめに、あくまで「自然」に見えることを意識しましょう。

アクセサリーを買うなら「アンプジャパン」

芸能人の愛用者や雑誌の露出も多く、人気のアクセサリーブランドですが、これ以上のオススメはないといっても過言ではありません。

アクセサリーは基本的に装飾が多く細かいほど値段も高くなります。アンプジャパンのアクセサリーはネックレスで数千円から1万円前後。安いものなら

4000円くらいからあります。本来、この価格帯で細かい装飾などできないはずなのですが、まるでヨーロッパのアンティーク品のような緻密な装飾を実現しています。

アクセサリー生産といえば、それなりの工場を想像するのですが、アンプは工場というイメージからはほど遠い職人的な作業で一点一点製作している良質なブランドです。

また十字架やマリアなど実在するアンティーク品をモチーフにしたアイテムが多いのも特徴です。例えばカトリックの信心用具の一つである「メダイ」など、かなり忠実なつくりで展開しています。ネックレスでよく用いられるデザインに「クロス」がありますが、アンプのクロスはゴシック調にカッコつけたデザインではなく、「これアンティーク?」と聞きたくなるような古めかしいデザインのものばかりです。

すべてのスタイル、すべての洋服、すべてのアイテムにはルーツがあり、それを無視して「適当」につくったものは「おしゃれ」ではありません。思いつきやなんとなく仕上げたデザインを「クリエイティブだ」と言って、堂々と売りつけるブランドが存在するのも確かです。しかし、すべてのディテールには意味があり、ルーツがあります。そうしたルーツを意識したものは嘘っぽくなく自然に見えるものです。

クロスの長さは21㎜と小ぶり

例えばファッションの最先端であるパリコレクション出展のハイブランドでも「○○年代のミリタリースタイルをモチーフにした」とか、「○○年代の乗馬スタイルをテーマに」といったようにモチーフが存在し、そこからプロダクトをつくりあげます。

何百年と紡がれた歴史のなかで、デザインというデザインはすべて過去に源があります。過去の優れたスタイル・デザインのルーツを知り、そこに自分のクリエイティビティを少し注入してリプロダクトすることが優れたモノづくりの手法です。

モチーフに対してできる限り忠実であるというのは、モノづくりにおいて非常に大事で、とくにアクセサリーは洋服よりもデザインの自由度が高く、思いつきでつくることができるため陳腐になりがちです。

アンプはどのプロダクトもアンティークや時代背景を意識し、嘘のないモノづくりを目指しています。

まるでデッドストック品のような雰囲気。これが数千円程度で買えるのですから、本当に驚きです。私もアンプのアクセサリーをいろいろ持っていますが、どれも手放したくない名作ばかりです。

そして面白いことに、私はそれらをケアしたことがありません。シルバーはホコリが入り、錆が出て、どんどん変色するのですが、それがよく似合うのです。モチーフに忠実で、アンティークのようなデザインだからこそ、使い込んで本当のアンティークになったときにデザインが昇華されるように思います。

繰り返しになりますが、何かアクセサリーをと思った方はアンプがイチオシです。古めかしいクラシカルなデザインですが、それこそが嘘っぽくないということです。

時計こそ身につけるべきアクセサリー

アクセサリーは機能的な意味がなく、そもそも不自然なアイテムと書きました。しかし、時計には時刻を見るためという目的があります。そういった意味で時計こそ身につけるべき自然なアクセサリーなのです。

時計もアクセサリーと同様に過度な装飾を避け、クラシックなデザインのものを選ぶといいでしょう。ロレックスをはじめとする機械式時計が該当するのですが、機械式時計は20万円以上するモデルが多く、気軽にエイヤッと手を出せるものではないでしょう。

そこでクラシカルな見た目だけど安価なブランドを紹介します。それが「ダニエルウェリントン」です。２０１１年スウェーデンで生まれた時計ブランドで、日本市場でも２０１２年から見かけるようになり、現在では日本をはじめ世界的に支持されています。

商品を検索すれば納得ですが、無駄なデザインを徹底的に排し、シンプルな見た目に徹しています。おじいちゃんからもらったアンティーク時計といった雰囲気があり、見た目に嘘くささが1ミリもありません。

高級機械式時計ではなく、カジュアルなクオーツなので、カラフルなベルトなども展開しているのですが、ここで選ぶべきは断然レザーベルトです。値段も2万円ほど。青い秒針の新作もなかなか素敵です。値段が倍以上もする装飾性が高い有名ブランドの時計よりも雰囲気が大人びていてオススメできます。

ストールは体型隠しに必須

夏以外の季節は、最強の小物として、ストールやマフラーを強くおすすめしています。なぜなら、視覚効果で体型が圧倒的にキレイに見えるからです。

マフラーやストールを使った「視覚効果」とは、顔の近くに何かがあると、顔が小さく身体のバランスがよく見えるというものです。

アイドルは顔の近くに手を持ってくるポーズが多いですよね。試しにAKB48で画像検索をしてみてください。集合写真で何人かは顔の近くに手を持ってきています。

また、女の子と写真を撮るとピースサインが顔のそばにあります。これは顔が小さくキレイに見えるということを感覚的に知っているから

style14（P169）

でしょう。

ストールはそういったピースサインよりも大きな面積の布を使うので、効果は絶大です。「style14」「style15」のようにボリュームがたっぷりあれば、小顔に体型もキレイに見えます。頭の大きさは身体のバランスをキレイに見せるうえでとても重要です。

選ぶべきストールですが、大判であればあるほどいいです。ストールは基本、四角形が多く、一辺が180cm以上あると理想的です。また色は黒がオススメ。黒などの暗い色は引き締めて小さく見える「収縮色」です。顔を小さく見せることが着こなしの目的ですから、なるべく小さく見えるように黒などダークカラーを選びましょう。

ダークカラーの大判ストールはメンズだとなかなか安いものがないのですが、ファストファッション「ZARA（ザラ）」のレディースを利用しましょう。

そもそもストールやマフラーにメンズもレディースもありません。かわいい色とりどりの柄ものは別ですが、黒の大判ストールであれば、つくりに違いはありません。ザラでは一辺が200cmほどの大判ストールを2000円程度で売っています。風合いも安っぽくなく肉厚のものが多いのでオススメです。

style15（P169）

［着こなし編］

印象は「先端」で決まる

これまで「洋服の印象は先端で決まる」と書いてきました。首まわり、裾、袖など「先端」は視線が集中するポイントであるため、その印象が全体を左右するという話でした。アパレル業界ではこれを「3首」と呼びます。先端、主に「首・手首・足首」の三か所を指して「3首」です。

例えば半袖を着ると腕元が妙に寂しく感じるものですが、腕時計をつけるだけでも改善されます。半袖と長袖を比べると腕の露出が多く、腕の大部分が素のままになるので、腕時計をつけるだけでその印象が改善されるのです。腕元は視線が集中するため、ちょっとした変化で印象を変えることができます。

また、パンツの裾が広がったブーツカットと、パンツの裾が細くなったスキニーシルエットでは印象がまるで異なります。たとえウエストや腿まわりが同じであったとしても裾の印象だけで全体のイメージはガラリと変わります。

このように自然と視線が集中しやすいポイントである「首・手首・足首」の「3首」は先端部分のなかでもとりわけ重要度が高く、全体の印象を左右するキーポイントなのです。

色気につながる先端「3首」を意識せよ

「首・手首・足首」は体のパーツでいちばん細いところです。胴体や顔まわりのなかでもっとも細いのは「首」で、腕では「手首」、脚では「足首」です。もっとも細く、くびれた場所をあえて露出させることで色気が生じます。

「3首」を常に意識しておくと、ちょっとした印象操作に役立ちます。例えば手首。シャツでもカットソーでもニットでも、着用しているトップスの袖を一折りまくってあげます。そうすると手首の曲線が見えて途端に色気が生じます。試しにいま片方の手元の袖を少しまくって、手を見比べてください。まくったほうは不思議と色っぽさを感じませんか？　仕事の打ち合わせの最中に、飲み会の際に、意識的に少し袖をまくるだけで、異性へのちょっとした印象アップにつながります。

次に足首。こちらはパンツの裾を少しロールアップします。「足首見せるならショーツでいいじゃん」と思うかもしれませんが、ショーツだと脚全体が見えてしまい、足首への視線が分散されます。フルレングスのパンツの裾をまくるからこそ、足首の曲線に目がいき、色気を感じさせることができるのです。

最後に首。これはネックの種類で差が出ます。詰まった首元よりも少し開いたネックのほうがセクシーです。合コンの席などで上着を脱ぐときは、ちょっとだけ開いたネックのカットソーを着るといいでしょう。

「style16」は「色気」を意識したコーディネートです。解説とともに参考にしてみてください。

前項は先端の「色気」について触れましたが、次に「シルエット」と先端の関係について細かく見ていきましょう。

「細みのシルエット」を決定づけるものはなんでしょうか？　一般的には身幅や肩幅だと言われますが、これまで指摘してきたとおり、裾や袖先など「先端」に左右されます。前項の［ボトムス編］でも確認したとおり、裾にシワシワの「クッション」があるだけで細みの印象は損なわれ、ルーズな印象になります。これは「先端」が全体の印象を左右する典型例です。

これを逆手に取れば、「先端さえキレイにすれば、全体もキレイに見える」ということになります。いくつかの実例を交えて解説しましょう。

「洋服は先端で決まる」その①テーパードパンツ

「スキニーパンツが中年体型でどうしてもはけない」とか、「細みのパンツは

style16（P170）

締め付け感が苦手」という方も多いと思います。私も30歳をすぎてからは随分おなかが出てしまい、スキニーがなかなか苦しい年代に差しかかってきました。

しかしそんなときも対処法があります。前述のとおり、ウエストまわりが太くても、腿まわりが太くても、裾さえ細ければ「細み」や「すっきり」とした印象になります。

「style12」をご覧ください。着用しているパンツ、パッと見はスッキリとしたキレイなシルエットに見えますが、実はゆったりとしたサイズ感。腰まわりに着目すれば、かなりルーズであることがわかるかと思います。

「style02」はより顕著です。ここではいているのはサルエルパンツといって腿まわりが信じられないくらい太いものです。ところが膝から裾にかけてグーッと細くなっているせいで、裾まわりはスキニー並みにキュッと細い。そのためダボついた印象がなく、大人な雰囲気に合わせることができるのです。

こういったパンツのことを「テーパードパ

style02(P162)

style12(P167)

ンツ」と呼びます。我々中年男性の強い味方です。「テーパード」とは「先端に向かって細くなる」という意味です。ウエストまわりや腿まわりまではゆったりしていても、裾が細くなっているため、印象としてスキニー同様、スッキリとキレイに見えるのです。

スキニーが体型的にどうしてもはけないという人はこのテーパードパンツを試してみてください。スキニーと同様の効果を出せるはずです。

またわざわざ新しいパンツを買わずとも、お手持ちのパンツでテーパード感を出す方法があります。それが「ロールアップ」です。

「洋服は先端で決まる」その②ロールアップ

手持ちのパンツを「テーパード」させる方法として「ロールアップ」があります。「style18」と「style40」を比較してみてください。

この二つで使っているパンツは同じものです。「style18」はパンツをわざと野暮ったく見せていますが、「style40」のパンツはシュッとしていて印象がまるで違っています。

これは前項までに述べた「3首」「テー

style18（P172）

パード」を応用したスタイルです。脚のなかでいちばん細いのは「足首」と述べました。また「テーパードシルエット」で裾が細いと、ウエストまわりが太くてもスキニー同様の効果が出ます。

これらを踏まえると、仮にテーパードシルエットではないパンツであっても、裾をまくってしまえば、スッキリと細く見せることができます。そのままでは裾がゆるくダボつき気味でも、裾をまくって脚のもっとも細い部分である足首を露出すれば、スッキリとしたシルエットに見せることができるのです。

ここ数年、どのファッション誌を開いても、また街中を歩いても、老若男女を問わず裾をロールアップする着こなしがはやっています。周りがやっているからという人も少なくないでしょうが、鏡で見たときに「なんとなくカッコイイ！」と感じているからこそ、ロールアップしているのだと思います。

ロールアップのメリットは、裾をまくることで多少シルエットが崩れていても、細身でスッキリ見せる効果があることです。流行には理由があり、理由のないものはそこまで流行しません。

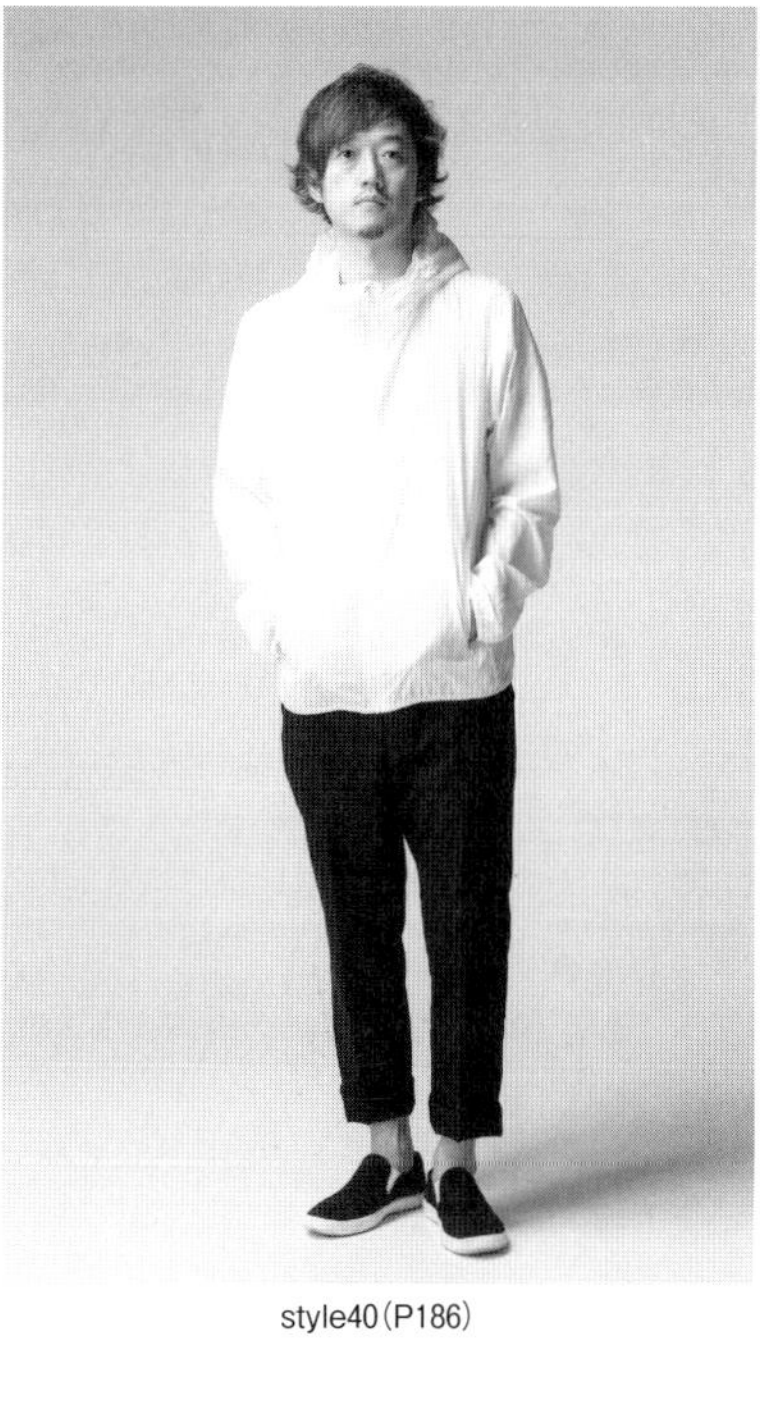

style40（P186）

ちなみにこのスラックスはユニクロのストレッチウールブレンドパンツです。決して高いものではないのですが、ロールアップしたときのシルエットはなかなかのもの。街着として簡単にキレイなシルエットがつくれる便利なアイテムです。

「キレイなシルエット」には理由があります。キレイに見えるには〝キレイに見える理由〟が存在するのです。その理由さえわかってしまえば、お金を使わずともちょっとした小技で再現が可能です。「テーパードパンツ」や「ロールアップ」がまさにそれです。

また、ロールアップではなく、お直しによってテーパードさせることもできます。手持ちのパンツを近所の「お直し屋」に持っていき、裾幅を詰めてもらいます。手持ちのパンツが細めならば裾幅を1㎝詰めるだけでも印象は随分と変わります。金額はお店によって異なりますが、概ね2000円から4000円程度なので、「ちょっと野暮ったいなあ」というパンツをお直しするのも一つの手です。

style36（P183）

ちなみに、「style36」のパンツも裾幅を直し、テーパードシルエットに変更したものです。洋服屋のなかには「シルエットが崩れるからやめたほうがいい」と、お直しに否定的な方もいるのですが、私は購入したパンツの半分くらいはお直しに出して、裾幅を自分好みに変えています。ユニクロのスキニーデニムやウールブレンドパンツも裾幅を1〜2㎝詰めるとさらにシルエットがキレイになります。

またパンツだけでなく、トップスの腕まわりのサイズを変えたり、ジャケットの衿を取って身幅を詰めてしまったり（「style23」参照）。お直しに慣れてしまうと、必要なサイズ感を手持ちの洋服で出せるようになるので、一度着なくなったアイテムを復活させることができます。

何センチ詰めるかは慣れや経験則が必要ですので、迷ったら、お直し屋と相談するか、もしくは私のメールマガジンでは写真付きのQ＆Aができるので、これを利用してみるのもいいでしょう。

「洋服は先端で決まる」その③袖まくり

こちらも引き続き手持ちのアイテムを生き返らせる方法「袖まくり」です。

「style45」「style33」「style37」を見てください。

シャツ、ミリタリージャケット、黒のアウター

style45（P189）

とアイテムは違っても、皆、腕をまくっています。
洋服の印象は先端で決まるので、「トップスがどうもしっくりこないな」と思ったら、すぐに鏡の前で袖をまくってみましょう。春や秋のシャツスタイルでは、私はほとんど袖をまくって手首を出しています（あえてルーズな印象を出したい場合は、袖にシワをためることもあります）。「3首」でも指摘したとおり、腕のなかでもっとも細い部分である手首を出すことで色気を加味する効果もあります。

「style33」のミリタリージャケットは、フランス軍の実物です。おしゃれ用途でつくられたものではなく、ミッション遂行のための運動性を第一にしているので、腕まわりはゆったりとルーズです。袖をまくることなく試着したときは「ダサッ！」となるでしょう。

しかしこうして袖をまくって細い手首を露出してあげれば、いかに腕まわりが太くても、意外とサマになるものです。不思議と身幅の広さや肩幅の広さも気にならなくなり、印象は全体的にコンパクトに落ち着きます。

style33（P181）

style37（P184）

「style37」のアウターはXLサイズです。ユニクロのXLサイズなのでかなり大きく、よく見ると身幅も肩幅も余っています。しかし袖をまくって着るとスッキリとキレイに見えます。写真はもちろん加工していません。

また「style10」ではTシャツの袖も一折りしてあります。折る前の袖よりもキュッと細くタイトになっているのがわかると思います。Tシャツの野暮ったさの原因は袖にあることが多いので、手持ちのものがサマにならないときは一折りしてみると印象が変わるはずです。

Tシャツでなくとも、手持ちの服を着て何かしっくりこないなと思ったら袖まくりです。袖をまくるだけで腕まわりがスッキリと見えて、半端な野暮ったいシルエットもキレイに変身します。

もちろん寒い時期に無理にまくると不自然ですので時期を考えてください。

style10（P166）

［着こなし編］

ボトムスをさらに着こなすコツ

ここからは、印象を整えるベースアイテムであるボトムスについてもう少し細かく見ていきたいと思います。

まずは、ショートパンツの着こなしについてです。「買ったけど、どうもしっくりこない」といった相談をよく受けます。ショートパンツ最大の難点は、子供っぽく見えることです。「子供っぽさ」は「ドレスとカジュアル」のバランスにおいて致命的な要因であり、厄介です。「子供っぽさ」を攻略することが最大のカギとなります。

なぜショートパンツは子供っぽく見えるのでしょうか。いろんな要素があるのですが、最大の要因は脚が短く見えるからです。

子供のように脚が短く未熟な体型に見えると、「おしゃれ」は遠のきます。これは別にショートパンツに限った話ではなく、脚が短く見えるアイテムは、どうもしっくりこないものです。

通常のパンツであれば「パンツとシューズの境界線をぼかす」という視覚効果が有効でした。しかしショートパンツはどう頑張っても境界線をごまかすことができません。

「style13」を見てみましょう。私は生まれつき極端な胴長短足です。忘れもしませんが、中学生のときに座高の計測で周囲をはるかに上回る数値を叩きだしたことがあり、ひどく傷つきました。しかし「style13」では、そこまでひどくは見えないでしょう。「え？ 言うほど脚は短くないんじゃ……」と思っていただけるはずです。

実際、私より脚が短い人はそういないのですが、短足に見えないのは、「ショートパンツでも脚長に見える三つの法則」を使っているからです。その法則とは、①「ショートパンツは膝上丈を選ぶ（ロールアップで膝上丈にする）」、②「ソックスは絶対に見せない」、③「腰位置も見せない」です。

ショートパンツでも脚長に見える三つの法則

まず、①「ショートパンツは膝上丈を選ぶ（ロールアップで膝上丈にする）」ですが、なぜ「膝上丈」かというと、露出している素足の面積を少しでも大きく見せるためです。ショーツをはいている男性の、どこを見て脚の長短を判断するかといえば、無意識的に「露出している脚の長さ」で判断しています。

style13（P168）

当たり前ですが、ショートパンツと靴の間にある脚は、ごまかしようもなくその人の足です。この露出している面積の大小で、人は「脚の長さ」を認識しているので、露出している部分を広く見せればいいのです。

試しに膝下丈と膝上丈のショートパンツを、はき比べてみてください。膝上丈のほうが脚は長く見えるでしょう。

「style27」も膝上のショートパンツを使っています。パッと見の印象は、「脚長」とまでは言いませんが、少なくとも「短足」がバレるほど悪目立ちはしません。しかし、よく見てみれば、かなり短足です。

洋服の印象はパッと見がすべてです。じっくりと定規で脚の長さを測るわけでもなし、パッと見の印象がよければそれでOKなのです。膝上丈のショーツならパッと見くらいであれば問題なくごまかせます。

しかし、手持ちのショーツが膝下丈だったらどうするか？　簡単です。ロールアップして膝上までまくればいいのです。

「style26」の手法は欧米人がよく使っているテクニックで、海外のファッショ

style27（P177）

ンスナップを見れば、かなりの割合で「膝上」や「膝上にまくった」ショートパンツが出てきます。彼らは洋服という長い歴史のなかで、自然とこうした着こなし方が身についているのです。

「外国人は脚が長いから比べてもしょーがねーよ」と思っている人は、考えを改めましょう。思考停止して工夫も努力もしなければ、おしゃれは遠のきます。脚が長い彼らであっても、バランスを意識して、常に工夫と努力を重ね、美しいスタイルを表現しているのです。言い訳は成長を阻害します。仕事術や勉強法でも言われますが、ファッションだってまったく同じです。工夫次第で体型はカバーできますし、いったん思考停止したらそれまでです。

さて、②「ソックスは絶対に見せない」について解説しましょう。前述のとおり、露出している脚の面積はできる限り広くする必要があります。それを徹底するために、ソックスも見せません。ソックスなしで靴のギリギリのラインまで脚が露出した状態をつくります。その努力のぶんだけ脚長に見えます。「style26」「style27」において、そのルールが徹底されていることがわかるでしょう。

style26（P177）

私のショートパンツスタイルはすべてソックスが見えない状態になっています。これはもちろんたまたまではなく、視覚効果を狙っているわけです。「でもソックスをはかないと蒸れますよね……」と思った方もご安心を。世の中には便利なものがあります。

「インビジブルソックス」といって外からは見えない、超短いソックスがあるのです。ユニクロでは「ベリーショートソックス」として販売されています。スタイルをよく見せることが至上命題である女性にはおなじみのアイテムですが、男性は意外と知りません。ユニクロであれば3足1000円程度で購入できます。

注意点は、「スニーカーソックス」など丈がくるぶし近くまであるものではなく、あくまでソックスがまったく見えない「インビジブルソックス」を選ぶことです。これはどんな靴であっても徹底してほしいのですが、例えばロールアップして足首を出す短靴の場合、ソックスは少しでも見えると脚長の視覚効果が半減します。本当にほんのちょっとでもです。ソックスは意図的に「見せる」場合以外は、徹底して隠してください。

そして、最後の③「腰位置も見せない」について。人は腰の位置が見えれば、脚がどこからはじまっているのか、なんとなくわかります。ただでさえ脚が短く見えがちなショートパンツに腰の位置がわかる丈の短いトップスを合わせると、脚の長さがバレバレになります。ショートパンツには着丈が長いカットソーやシャツを合わせるべきです。

前出の「style13」のように着丈が長いシャツやカットソーであれば腰の位置が隠れて、脚がどこからはじまっているのかわかりにくくなります。また写真のように膝上丈のショートパンツと合わせれば、あたかも本来の腰の位置より上から脚がはじまっているかのような錯覚を生じさせます。

カットソーならば通常よりも少しでいいので、長めのものを選びます。シャツは裾が「ラウンド」といって曲線を描いた形のものが多く、前と後ろだけ丈が長い状態になっているので、「ショートパンツにはシャツ」を徹底してもいいでしょう。ドレスとカジュアルのバランスから考えても、ショートパンツはカジュアルです。「style21」のようにドレスライクなシャツのほうがカットソーよりもバランスをとりやすいでしょう。

style21（P174）

ダサいデニムを蘇らせる方法

誰もが持っているメンズファッションのアイテムはインディゴデニムではないでしょうか。なかには10本以上持っているなんて方もいるかと思います。しかし、シルエットが半端だったり、色落ちがカジュアルすぎたり、タンスに眠っているデニムもまた多いはずです。そんなデニムを再生させるコツを教えましょう。

「style24」「style25」はもともと薄い色のインディゴ素材を使ったやや太めのシルエットです。普通にはくとサマになりにくいのですが、着こなしひとつでいまでも使えるものになります。

形はやや太めで、誰がどう見ても「カジュアル」アイテムです。例の三要素で見てみると、①「デザイン」→デニム（カジュアル）、②「シルエット」→太め（カジュアル）、③「カラー（素材）」→薄い色のインディゴ（カジュアル）と、野暮ったさのスリーカードが揃っていてどんなドレスアイテムを合わせてもバ

style24（P176）

style25（P176）

ランスはとれないでしょう。アイテム自体の①「デザイン」と③「カラー（素材）」はいじりようがないので、②「シルエット」を整えてみました。

前項で紹介した着こなし「ロールアップ」を使って足首を見せれば、野暮ったいシルエットがテーパードされてそれなりに整います。

ポイントはロールアップの幅をなるべく細くすることです。幅を太くまくってしまうと、悪目立ちして、視線を必要以上に集めてしまいます。細幅であればそれほど目立たず、「カッコつけている」感じが消えます。

また、ロールアップは九分丈になるよう調整してください。ファッションには、常にやりすぎは禁物です。これで随分とスッキリとしたシルエットになりました。あとはトップスと靴でバランスをとります。

当然カジュアルなデニムと合わせるのですから、ドレス要素を持ってくる必要があります。春や秋であれば白シャツにハイゲージニットなどのドレスアイテムがオススメ。シャツはすでに述べたとおり、袖まわりがダボつかない形のキレイなシャツを選びましょう。

また夏場に合わせるときにTシャツではカジュアル感を払拭しきれません。夏場のドレスアイテムである、ポロシャツかサマーニットがオススメです。

③「カラー（素材）」はすでにブルーですから、ほかのアイテムはモノトーンにします。色合わせの「ルール③」を思い出して、「モノトーン」か「モノ

トーン＋一色」であればドレスライクに見せることができます。

足元も油断できません。ドレス要素を持ってくるためには革靴をチョイスします。なお、「style24」は黒、「style25」は白を合わせています。黒はシャープに、白は柔らかい印象です。こういった微調整も原則とルールが理解できていれば、簡単にできるようになります。

使わなくなった服を生き返らせるには、②「シルエット」をいじるのが簡単です。袖まくり、ロールアップなど「先端の印象」を応用して、全体の印象を細めに変える。カジュアルなアイテムであれば、ほかのアイテムでドレスにバランスをとり直して全身の合わせを考えます。

ケーススタディとしてインディゴデニムを例に挙げましたが、例えば使わなくなったパーカーや、チェックシャツなどもこういった考え方で復活させることができます。あなたの家にもまだ使える洋服が眠っているかもしれません。

スウェットパンツの着こなし方

街着として市民権を得つつあるスウェットパンツですが、一歩まちがえると、「それパジャマじゃないの？」になりかねません。上手に合わせさえすれば上級者に見せられるので、マスターしておきましょう。

といっても、攻略はさして難しいことではありません。大原則と三つのルールを適用するだけ。まず大原則「ドレスとカジュアルのバランス」ですが、スウェットパンツはストレートな「カジュアル」アイテムです。ここでも洋服の三要素、①「デザイン」、②「シルエット」、③「カラー（素材）」で考えます。スウェットパンツをドレスに寄せるには、②「シルエット」→細め、③「カラー（素材）」→モノトーンで決まりです。

この二つの要素をドレス寄りするだけで、飛躍的に合わせやすくなります。「細め」は裾まわりが「テーパードシルエット」のものを選びましょう。また手持ちのスウェットパンツをロールアップして足首を見せてしまうのも手です。先端の印象で細さを出しましょう。

あとはスウェットパンツという①「デザイン」に対して、ドレス要素をほかのアイテムで当て込んでいくだけです。

「style28」はシャツと革靴といったドレスアイテムを使ってスウェットパンツのカジュアル感を打ち消しています。スウェットパンツはキレイにテーパードした細みシルエットで、ユニクロのレディースです。実はスウェットパンツはユニクロのレディースが狙い目で、ものすご

style28（P178）

く安いです。試着するのは少し恥ずかしいかもしれませんが、遠慮なく試してみてください。

グレーも無彩色でモノトーンのひとつですが、グレーのスウェットパンツはいかにもパジャマを連想させます。そこでトップスは定番の「白シャツ」ではなく、あえて「黒シャツ」を持ってきました。「黒シャツ」はメンズでは「キメすぎ」なアイテムです。白シャツを飛び越えてドレスな印象が強いので、スキニーデニムに合わせると夜のお仕事的な雰囲気をまとってしまいます。しかし、スウェットパンツやカーゴパンツなどカジュアルすぎるアイテムのバランスをとるには最適です（参考として「style44」も挙げておきます）。手持ちのスウェットパンツが黒ならば白シャツがバランスいいでしょう。

それらを踏まえてもう一度スタイルを確認してみましょう。カッチリとしたスタイルのなか、スウェットパンツがいい具合にカジュアル感を出しています。緊張のなかに余裕がある「ドレスとカジュアルのバランス」がしっかりとれたスタイルだと思います。

スウェットパンツは「ド」がつくほどカジュアルなアイテムだけに、ほかの要素をすべてドレスに傾けることが有効なのです。

なぜ白パンツは不自然なのか？

これまで、最初に買うボトムスは「黒のスキニーデニム」だと述べてきたのですが、なぜ「白」ではなく、「黒」なのか。最後にその秘密について述べたいと思います。

人の感覚は自然現象に慣れています。そのひとつが重力です。人は「重いものほど下に」「軽いものほど上に」という感覚に慣れています。これは色も同じで、暗い色ほど重く、明るい色ほど軽く感じる性質があります。

とある配送会社が自社の配送箱を暗めの色から、明るい白に変えてみたら、作業員の効率が格段にあがって業績向上につながったというよく知られているエピソードがあります。箱の重さは変わっていません。色が薄くなったことで視覚的に「軽い」と感じて、スイスイ箱を運べるように錯覚したという話です。

コーディネートも同じで、「重いものは下に、軽いものは上に」が自然なのです。

すると「白いパンツ」をボトムスにもってきたときの不自然さ、違和感の正体がよくわかります。人の感覚を考えると、コーディネートでいちばん簡単に、サマになるのは、「ボトムスやシューズが黒、もしくは暗い色」であることです。白いパンツがNGというわけではありませんが、着こなしのハードルは意外と高いのも事実です。実際、私もchapter3のコーディネートで白のパンツは「style11」の一パターンしか使っていません。まず初めは「黒スキニー」というのは人間の視覚、感覚的にも筋が通った話なのです。

［着こなし編］

視覚効果を使った着こなしのコツ

基本のシルエットは「I」「A」「Y」の三型と書いてきました。しかし、胴長短足の体型をカバーする画期的なシルエットがもう一つあるのです。

これまでに挙げた体型隠しのテクニック「テーパードパンツ」、「（ショートパンツでは）腰の位置を隠す」、この二つを組み合わせた着こなしが、基本の三型以上に使える「O」ラインシルエットです。

体型を隠せる最強シルエット「O」ライン

腰の位置を隠すなら「普通のパンツでも丈長のトップスを合わせればいいのでは？」と思うかもしれません。しかし、丈長を選ぶと全体におけるトップスの面積が広くなるため、ボリュームが出ます。必然的に「Y」ラインを目指すことになります。

style10（P166）

「style10」のように、Tシャツのシルエットが細くても着丈が長いとボリュームが出ます。トップスにボリュームがあるとき、とるべきシルエットは「Y」ラインです。ということは、ボトムスは細いスキニーデニムをはく必要があります。しかし、スポーツ体型で脚が太い、中年体型で細みのパンツをはきたくない、といったときにはテーパードパンツをもってきます。太いシルエットでもスキニー同様に細く感じさせるのがテーパードパンツです。

本来「トップスも、ボトムスも太い」というシルエットはキレイには見えないので、基本三型にも含まれていません。しかし、テーパードパンツを用いて、太いシルエットでも視線が集中する足元さえ細くすれば、「トップスが太くても、ボトムスは（実は太いけど）細く見える」というシルエットが構築できるのです。

このスタイルは、卵のような縦長の丸に見えることから、私は「O」ラインシルエットと呼んでいます。

「style11」「style12」を見てください。着丈の

style12（P167）

style11（P167）

長いトップスで腰位置を隠して体型をカバーしつつ、またゆったりとしたボリュームあるパンツでも裾幅が細いため、細みのシルエットでバランスがとれています。

ゆったりしたもの同士ならば体型を隠せるけれど、そうすると寸胴になってしまうというジレンマを解消したスタイルです。体型をごまかしたい日本人にとっては知っておいて損はないでしょう。

痩せ型でもTシャツ一枚がサマになる方法

海外のファッションスナップを見て「ベッカムはTシャツ一枚でサマになるなぁ」と筋骨隆々とした欧米人を見て羨ましく思ったことはありませんか？

確かに、筋肉質であればTシャツを着るとパツッとタイトな腕まわりになって、男らしい体型を主張できるのですが、日本人は腕まわりが貧弱で、Tシャツ一枚がなかなか着こなせません。しかしご安心を。腕まわりを筋骨隆々に見せる視覚効果があります。

ここで一大ブームを巻き起こしたルーズソックスを思い出してみてください。ドカンと太いボリュームにたっぷりとした見た目、モノだけを見れば野暮ったい印象ですが、なぜあれほどはやったのでしょうか？

実はルーズソックスも「視覚効果」を利用しています。女子高生はドカッとボリュームのあるルーズソックスと自分の足を対比させて細く見せていたのです。もちろん、意図的に視覚効果を狙っていたわけではないでしょうが、鏡で見たときに「あれ？　脚が細く見える！」「なんかカワイイ」とメリットを感覚的に理解していたからこそあれほど流行したのだと思います。

Tシャツを着こなす際は、ルーズソックスと反対にします。つまり、ボリュームがあるルーズな袖だと腕まわりが華奢に見えるので、短めでタイトな袖を選ぶのです。普段よりも腕まわりが筋肉質に見えます。

「style04」がその典型例で、着ているカットソーはかなり袖が短くタイトです。まるで筋肉質だから袖まわりがフィットしているように見えます。もちろん、もともと袖が細く短いからフィットしているだけです。

私は筋肉トレーニングもしていませんし、腕まわりは華奢です。そんな私でも欧米人とまでは言いませんが、だらしな

style06（P164）

style04（P163）

い体型には見えないはずです。

「ルーズソックス理論」はそのまま利用することができます。「style06」のTシャツの袖は太めで長いものです。そうすると袖と腕まわりが対比されて、本来の腕まわりより華奢に見えます。「style04」と比べてください。随分と印象が違うかと思います。太い腕に見せたければ「細い袖」を、細い腕に見せたければ「太い袖」を。人間の視覚は着こなし次第でいくらでもごまかせるのです。

衿で小顔に見せる方法

［小物編］マフラーやストールの項で「顔の近くに何かがあると、小顔に体型もキレイに見える」と書きました。冬にこの小技を多用してきた方から、「夏はどうすればいいの？」という質問を多くいただきます。

もちろん夏にはリネン素材で通気性のいいストールが販売されています。しかしやはり、暑い時期に首元に何かを巻くという行為は不自然に映ります。Tシャツ一枚でも暑いのに、あえて首元にストールを巻くという行為は機能面から考えてもおかしな話です。

ではストールが使えない夏は

style13（P168）

顔の近くに何をもってくればいいのでしょうか。オススメはシャツの衿を立たせることです。

「カットソーよりもシャツのほうが似合う」「シャツのほうがおしゃれに見える」という人は多いでしょう。前章までを理解していれば、カットソーよりシャツのほうがドレスライクだからと判断できます。そのうえ、カットソーとシャツの違いは「衿」にあります。顔まわりに何もないカットソーよりも、衿のあるシャツのほうが視覚効果で小顔に見えます。そのため「カットソーよりもシャツのほうがしっくりくる」という人が多いのです。

というわけで、体型をカバーしたい、簡単にサマになるようにしたいという方はカットソーよりシャツを選択すべきです。小顔効果をさらに利かせたい人は「style13」のように「衿」を立たせる着こなしがオススメです。

しかしなんでも立たせればいいというわけではありません。繰り返しになりますが、「人は

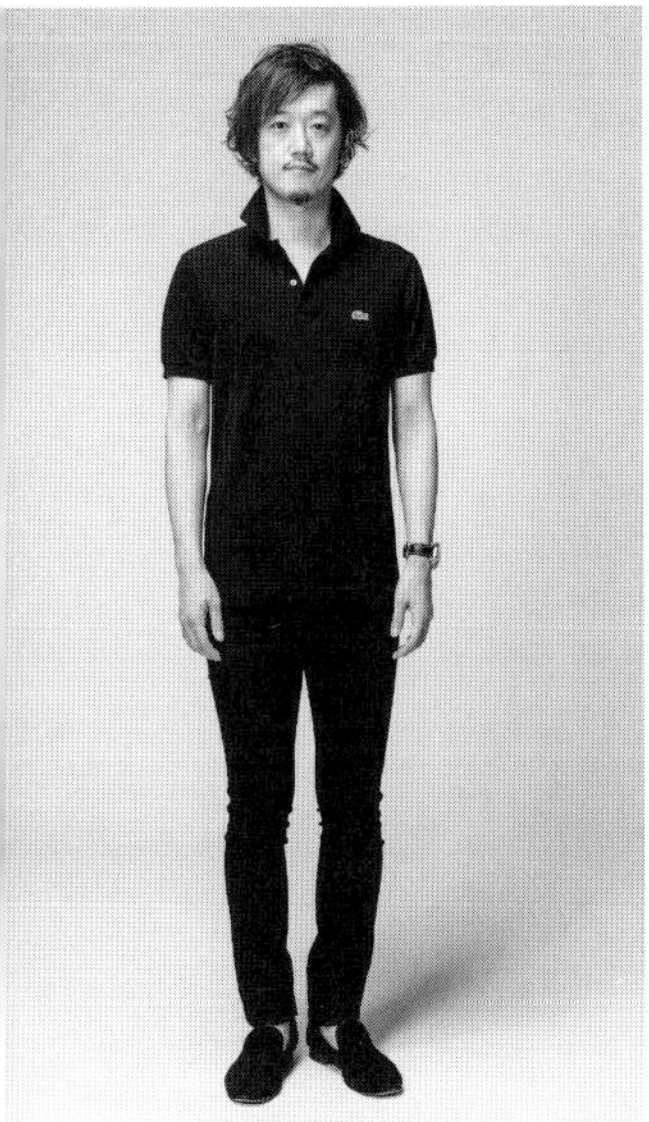

さり気なさが基本

立たせすぎるとカッコをつけた印象に

自然なおしゃれ」を望みます。「衿」を立たせるという着こなしは機能的には意味がなく、単なるカッコつけです。派手にしすぎると、作為的すぎて安っぽい印象を与えます。

アクセサリーとしての腕時計のように「理由」が必要で、自然な着こなしを意識する必要があります。では、衿にはどういった理由をもたせればいいのでしょうか。

ポイントは小さめの衿が、あたかも自然に立ってしまったかのように見せることです。立たせたときに顔のまわりにかかり、目立ちすぎるのは禁物です。また、立たせた衿を外側に少し倒すとより自然に見えます。

夏であればポロシャツの多くは衿は小さめにつくられているので、自然に立たせられるはずです。夏場はTシャツではなく、ポロシャツの衿を立たせて小顔に見せましょう。

インナーの着丈で着こなしレベルを上げる方法

店員が着ていたアウターを真似て買ってみたけど、なんだか違う……と思った経験はないでしょうか。「似合ってない」のか、「着こなし」をまちがえているのか？　私はよほどのことがない限り、「似合う」「似合わない」が人によるとは考えていません。とくにボトムスは本書において何度も「万能ボトムスはスキニーパンツだ！」「黒パンツと黒シューズで合わせれば簡単に下半身がまとまる」と述べてきたので、これさえ順守していれば、たいていのトップスは着こなせるはずです。

アウターの合わせを決定づけるもう一つの要素にインナーがあります。白シャツやシンプルなカットソーであれば、大きな事故は起きません。それでもなお、サマにならないという原因の大半は、インナーの着丈が短いことにあります。

とくにショート丈のアウターを着たときに勘違いしやすいのですが、多くの人はアウターよりも着丈が短いインナーを選びます。そうすると必要以上にウエスト位置が強調されます。

ちなみに日本人のためにつくられた「和服」は直線的なカッティングを用いて体型を隠してくれます。複雑な曲線を多用する「洋服」とは大きな違いです。だからこそ日本人は和服が似合うとも言えるのです。

ショート丈のアウターで胴長短足を隠すには、インナーの着丈をアウターよりも少し長くする必要があります。例えば、「style22」はその典型例です。インナーの着丈を少し長くするだけで、脚がスッキリ長く、スタイルがよく見え

style22（P174）

ます。着丈の長いカットソーと短いカットソーを使って、鏡の前で試してみてください。見え方に圧倒的な違いがあるはずです。

重要な視覚効果なのでもう少し丁寧に解説します。

視覚効果は二つあります。まず、ウエスト位置をごまかして脚を長く見せる。長い着丈によって腰の位置をわかりにくくしています。そのためどこからが脚で、どこからが胴なのかわかりません。インナーを短い着丈にすると、ウエスト位置がはっきりしてしまい、胴長短足が明確になります。

次に、アウターの丈をさらに短く見せること。これは対比効果です。長い着丈のインナーを合わせることで、その対比でアウターの丈が短く見えます。アウターの丈が短く見えれば、パッと見たときに「胴も短い」と錯覚させることができます。結果、スタイルがよく見えるわけです。

「似合わない」と着ることをやめてしまったアウターも、インナーの着丈に注

腰の位置がわかりづらい

インナーが短いと腰の位置が明確に

意して合わせ直してみてください。印象が変わってくると思います。

TVディレクターにならない正しい「肩がけ」

ここ数年、「カーディガンの肩がけってあり?」といった議論をテレビやネットで見かることが増えました。1980年代にはやった「肩がけ」は、昨今のリバイバルブームに乗って多くの若者が取り入れています。しかし、我々の世代にとって、肩がけといえばテレビのディレクターであり、ピンクのカーディガンを肩にかけている姿は揶揄の対象でしかありません。しかし、この肩がけはメリットの多い着こなしです。ダサくならない着こなしをぜひマスターしましょう。

まず「style19」「style42」を見てください。いずれも肩がけですが、無地の地味なトップスの味付けになっています。「style42」のようにシンプルなTシャツと無地のパンツといったスタンダードなコーディネートにも肩がけすることでアクセントが生まれます。

何度も述べますが、コーディネートとは、つ

style42(P187)

style19(P172)

まるところバランスです。「ドレスとカジュアルのバランス」さえとれていれば、地味なスタイルでもサマになります。ムダに着飾ったり、目立つスタイルを目指す必要はありません。

多くの人は「おしゃれ＝他人と違って目立つ」ことだと勘違いしていて、おしゃれを目指す人は目立つ服装をしたがります。きらびやかな装飾や、派手な色合わせ、無地よりも柄ものといったように、初心者であるほどこうした先入観が強く、パッと見で他人と違うアイテムを選んでしまうのです。

しかし、そういった派手なデザインは当然「カジュアル」になります。ドレスとは無地でシンプルなもの。カジュアルとは派手でデコラティブなものです。派手で目立つデザインはカジュアルに寄りすぎてしまい、「不正解」へと近づく一因になっていることを理解しましょう。

一方でドレスライクなスタイルは基本的に地味です。無地、細み、モノトーンなどを実践していると、「たまには気分を変えてみたい」と思うこともあるでしょう。そんなときに肩がけなどのアクセントを知っておくと、着こなしの幅が広がります。

「肩がけってダサくない？」と揶揄されるケースのほとんどは、派手なチェックシャツや色鮮やかなカーディガンなどを使っている場合です。「肩がけ」を目立たせてしまう着こなしは、途端にわざとらしく安っぽい雰囲気になります。

肩がけはメインではなく、あくまで着こなしのアクセントです。目立たないように、さりげなく合わせることが肝要なのです。「主」と「従」でいうならば、「従」です。メインにした途端に不自然でダサくなってしまうと心得てください。

「style42」のように、モノトーンや薄い色合いのニットなど、目立たないアイテムを使うことが正解です。このスタイルはシンプルなカットソーとスキニーの組み合わせですが、肩がけのおかげでちょっと変化のある着こなしになっています。無地スタイルに飽きた人にはちょうどいいでしょう。

また、肩がけは顔の近くに服がある状態になるので、小顔効果が生まれ、身体をキレイに見せてくれます。

肩がけには「style17」の胸のあたりで袖を結ぶ着こなしと、「style19」のように結ばずに袖を垂らす着こなしがあります。結ぶとやや作為的に見えるので、この場合は無地で薄い色を、それでも抵抗のある方は結ばずに袖を垂らす、より自然な着こなしがいいでしょう。

とはいえ、わざわざ新しい服を買う必要はありません。使わなくなったグレーのニット、カットソーで十分。ほんの少しの工夫でコーディネートが生まれ変わります。ぜひ実践してみてください。

［着こなし編］

コスパが高いアイテム選びのコツ

本項では、選び方が難しいアイテム、バッグとスーツについて紹介します。まず、バッグは、シーンによってさまざまですが、ここでは「街着」としてのバッグについて考えたいと思います。

これまでのロジックによってスキニーデニムを着用する回数が増えているかと思います。しかし、残念ながらスキニーは財布やスマホをポケットに入れることができません。外出するにはバッグを持つ必要があります。

ショルダーバッグ、バックパック、トートバッグと選択肢はさまざまですが、私のイチ押しはコーディネートの邪魔をしない「クラッチバッグ」です。

クラッチバッグは手に持つだけなのでコーディネートを邪魔しません。ショルダーバッグは肩にかけること、比較的大きいことから、やや目につきやすい。そのためバランスを考える必要があります。半袖Tシャツとショーツなどラフなスタイルには、レザーショルダーもちょっとアンバランスです（アクセントとしてわざと使う場合もありますが）。

バックパックやデイパックなど両肩に担ぐアイテムはショルダーバッグより

カジュアルな印象が強いので、より「ドレス」を意識する必要があるでしょう。男性に人気があるボディバッグは、ストラップがトップスを斜めに横切るので、その時点でコーディネートに影響を与えてしまいます。

トートバッグやボストンバッグは手に持つスタイルなので、ショルダーやデイパックよりハードルは低いのですが、それでもトートは縦長に、ボストンは横長に面積をとるため、コーディネートの兼ね合いを意識する必要があります。

使いやすくて便利なクラッチバッグ

その点、クラッチバッグは手に持つだけ。新聞や書類を持つ感覚でコーディネートのバランスを崩さずに使えます。半袖にレザーのボストンバッグは重いかもしれませんが、レザーのクラッチバッグであればまったく問題ありません。

また、重厚なコートにキャンバスのトートバッグは安っぽく見えますが、キャンバスのクラッチバッグはバランスを崩しません。新聞を小脇に抱えるように、コンビニで買った雑誌を手に持つように、「自然」なスタイルで溶け込みます。

オジサン世代には「セカンドバッグ」でおなじみですが、なぜいまトレンドとして浮上してきたのでしょうか。それは現在、80's〜90'sのリバイバルブームの真っ只中だからです。『メンズノンノ』などファッション誌を開いてみてください。エアマックス90、シュプリームのボックスロゴTシャツ、アーペー

style45（P189）でも使用

セーのノンウォッシュデニム、ビッグサイズのスウェットなどなど。1980〜'90年代のトレンドアイテムが目白押しです。

ちなみにこのトレンドはもう少し続きそうです。2015秋冬のコレクションなどでも、チェスターコートなどの80's スタイルやビッグシルエットなどの90's スタイルが見られます。

クラッチバッグはシンプルなものであれば、流行も関係なく使えるでしょう。各ブランドも去年あたりは1980〜'90年代を意識したバブル感のあるギラついたものが多かったのですが、最近はシンプルなものばかりです。

「style31」や「style37」のように「ちょっと書類を持ってきた」といった感じのラフなスタイルがムリなく構築できます。夏でも冬でも季節を問わず使えるアイテムなので、とても便利です。

もう一つの魅力はとにかく安いことです。ショルダーバッグやバックパックのような複雑な構造ではなく、つくりがとても簡素なので、生地とZIPがあれば簡単につくれます。そのため比較的安い価格で流通しています。

レザー素材でも1万円を切ることが珍しくあ

style31（P180）

りません。新しいバッグの購入を考えている人は、ショルダーやバックパックよりもコーディネートの邪魔をしないクラッチバッグを検討してみてください。

スーツのオススメは「スーツセレクト」

次にスーツですが、最強のコスパブランドがあります。

それは、佐藤可士和氏がプロデュースする「スーツセレクト」です。佐藤らしいソリッドなデザインは通販サイトやロゴにも表れていますが、スーツ自体もソリッドで無駄なく驚異的なシルエットを生みだしています。

「BLACK LINE」と「SILVER LINE」という主に二つのラインに分かれた展開ですが、シルエットの美しさをより楽しめるのは「BLACK LINE」です。

近くにショップがある方はぜひ試着してみてください。着た瞬間に驚くはずです。こんなにキレイなシルエットがこの値段でいいの、と。とくに腰まわりが秀逸です。

腰のくびれのことを「シェイプ」と呼びます。多くのテーラードは腰まわりに細く仕上げたシェイプ部分があります。このシェイプ位置は腰のラインを決定づけるもので、シェイプ位置が高ければ腰の位置が高く見えて脚長に感じ、

style37（P184）

シェイプ位置が低ければ腰の位置が低く見えて、短足に感じます。しかし、だからといってシェイプ位置を高くすればいいというものではありません。不用意に位置を高くすれば不自然になり、そのバランスはなかなか難しいものです。しかし、「BLACK LINE」のスーツは、胸まわりにボリュームをつけながら、シェイプ位置を高くすることで、自然に脚を長く表現してくれます。またサイドのポケットも斜めにつけて（スラントポケット）、シェイプをディテールでも強調しています。

さらにすごいことに、アームホールは細めにしながらも、実は袖口を若干フレア（広がっている）にしている点です。袖口を広げ、アームホールを細くすることで、ウエスト部分に空間ができます。

鏡の前に立つと、普通は肘と身体の間に隙間があります。要するにこの「隙間」を強調したつくりなのです。アームが細ければ当然この「隙間」が広くなります。しかしあまりにも細くしすぎるとバランスが崩れます。そこで、やや細く仕上げ、逆の発想で袖口を広げてしまったのです。すると袖が曲線を描き、体との「隙間」をくっきりとキレイに見せてくれるわけです。

このウエストシェイプの演出のおかげで完成されたシルエットになっています。本当に完成されたシルエットとはこういったように論理的で構築的なものなのです。

このほかにも細部にわたって実にさまざまな工夫が仕掛けられています。基本の形が「BLACK LINE」と「SILVER LINE」の二パターンのみと少し寂しいラインナップではあるのですが、それも納得。こんな面倒くさい構築的な設計、何パターンもつくれません。

気合を入れて10万円クラスのスーツを購入するのもいいですし、5万~6万円のデザイナーズスーツを購入するのもありです。デザイナーズスーツには存在感のある艶感やシワがまったく出ない美しいシルエットなど、これでもかとドレスを強調したいいスーツがあります。

しかし経済的に余裕がない人や、若い方はこの「スーツセレクト」でも十二分に満足できると思います。とくに、成人式で着るスーツをお探しの方は、ぜひチェックしてみてください。

肘と身体の隙間がキレイ

［着こなし編］

着こなしに迷ったら原点に戻れ

本章の最後に［着こなし編］のアイデアとして、スタイルの根幹について触れておきたいと思います。

ここまで読んできた方であれば、「全身黒こそ近道」といっても否定されないと思います。しかし、世間一般では、よくオタクのファッションが「全身黒」であるため揶揄する向きがあります。トップスもボトムスも黒だとダサいという認識はどこからくるのでしょうか。これまで学んできたことのおさらいにもなりますので、一つずつ分析していきたいと思います。

「全身黒」は初心者にオススメ

まず、①「安易すぎるからダサい」という指摘。確かに「安易か難解か？」と問われれば、安易です。「誰でもできる合わせ」とか、「つまらないコーディネート」といって批判する人も少なくないと思います。しかしそれらは裏を返せば「誰でもできる万能コーディネート」です。であればこそ初心者は実践すべきです。

「ドレス」を思い出してください。黒のスラックスに黒のジャケット、スリーピーススーツであればインナーまで黒です。「全身黒」というのはドレススタイルを凝縮したカラーコーディネートです。「全身黒」がダメであれば、ドレススタイルを否定しなくてはなりません。安易な合わせだからドレススタイルがダサい、とはなりません。こういった批判は中級者に多いのですが、本筋を鑑みればまちがいは明白です。

次に、②「地味だからダサい」という指摘。もちろん、全身赤や全身青のほうが「派手」です。しかし、「派手」=「おしゃれ」ではないことはここまで述べてきたとおりです。もちろん、「地味」=「おしゃれ」でもありません。「派手か地味か」はおしゃれに見えるかどうかを決定づける要素ではありません。「地味」でもおしゃれに見えますし、「派手」でもおしゃれにできます。屁理屈のようですが、事実です。

「地味は嫌だ！　目を引きたい！」という人には後でちょっとしたコツを教えます。全身黒でも地味になりすぎないコツがあります。要は工夫次第ということです。

最後に、③「オタクファッションに多いから」。もしかするとこのように思っている人がいちばん多いのかもしれません。確かに、秋葉原では黒ずくめの人が多く、黒のウインドブレーカーに黒のデニムをはいて、ダンロップの黒のスニーカーを履いて、極めつけにリュックも黒。

言わずもがなですが、これらのファッションがダサく見えるのは、色合わせが原因ではなく、アイテム選びであることは明白です。仮に彼らが「上下黒」ではなく「上下白」であればおしゃれなのか？　それは単なる派手な人です。因果を取り違えてはいけません。原因と結果を誤ると本質を見失います。

では反対に「上下黒」のメリットを見てみましょう。

まず、①「ドレスライクなスタイルになる」。「上下黒」はドレススタイルの色合わせです。カジュアルなアイテムだけで構成したコーディネートでも、「上下黒」にするだけでドレスライクに見えてしまいます。例えば、「style03」は、Tシャツにデニム、柄ソックスを使ったカジュアルな組み合わせですが、どことなくカッチリした雰囲気に見えます。これは「上下黒」で統一しているからこそドレス感が生まれ、Tシャツでも大人っぽいスタイルになっているのです。

仮にここでTシャツを赤にしたら、急にカジ

style03（P162）

ュアルになるでしょう。同じ①「デザイン」であっても、③「カラー（素材）」が「上下黒」か、それ以外では、大きな差が生じます。ドレスライクに大人っぽいスタイルにしたければ、「上下黒」というカラーコーディネートは非常に効果的です。

次に、②「シルエットがキレイに見える」ことです。「上下黒」であれば全身のスタイルをスッキリと縦長に見せることができます。多少太っている人でも、多少身体のバランスが悪い人でも、「黒」の持つ視覚効果によって、美しいシルエットに見せることができます。

黒はもっとも強い「収縮色」なので身体をキュッと細く見せてくれます。普段カジュアルを着ている人が急にスーツを着るとなんだかカッコよく見えるのは、細身ですっきりとした縦長のシルエットに感じるからです。

最後に③「簡単に合わせることができる」。なにせ上下同じです(笑)。「黒」ほど万能な色はありません。「黒」はすべての色を内包する色であり、ほかのどの色ともケンカしません。白でも緑でも青でも、茶を合わせても、どの色ともマッチします。色みに限って少々極端な言い方をすれば「上下黒」ならば、インナーは何色でもマッチします。面積さえ考慮すれば、どんな派手な色でも不思議と収まるのが黒の魅力です。これほど便利な合わせを取り入れない手はありません。

では逆に「上下黒」のコーディネートをする際に、気をつけなければいけないことはなんでしょうか。

まず、①「ドレスライクであるがゆえに、カジュアル要素を入れる必要がある」ことです。「ドレスとカジュアルのバランス」についてここまで勉強されてきた方ならおわかりでしょう。メンズのおしゃれを決定づける最重要事項です。「上下黒」はドレス要素ですから、どこかにカジュアル要素を入れないとバランスがとれません。①「デザイン」か②「シルエット」か、それともほかのアイテムの③「カラー（素材）」でバランスをとるか。いずれかに「カジュアル」を盛り込み、「上下黒」のドレス感を軽減する。これが「上下黒」コーディネートをする際に配慮すべき点です。

次に、②「地味なスタイルであるがゆえに、どこかで変化をつける」ことです。脱・初心者にオススメなのは、「白を入れる」着こなしです。白と黒は、明と暗。とても対照的な色です。それだけに黒のなかに白を交ぜると目立ちます。青や緑など「色み」を使うとカジュアル要素が強くなりすぎるので、使う面積によってはバランスを崩しかねません。白ならば、「モノトーン（白、黒、グレー）」で分類されるドレス寄りのカラーであるため、「ドレス」を崩さずにアクセントをつけることができます。「style14」は上下とも黒で地味なスタイルですが、視線が集中する「3首」である足元に白を入れてアクセントをつけています。

地味で物足りないと思ったら、白をとくに視線が集中するところ、洋服の先端部分や「3首」に入れると印象が変わります。

例えば黒スキニーに黒ニットを合わせたときなども、白シャツを中に入れて、裾からチラリと出すだけで印象が異なります。黒に対する白は効果的なアクセントなので、スーツスタイルのインナーは「白」シャツなのです。

ドレススタイルの究極である「スーツ」はシルエットやデザインなどだけでなく、細やかなディテールまで100%完成されたスタイルです。適当に白シャツが選ばれているわけではありません。先人たちの長年の試行錯誤によって到達した完成形といっていいでしょう。

源流はおしゃれの基本

着こなしの基本がある程度わかってくると、多少デザインがかかったアイテム

style14（P169）

が気になってくるでしょう。例えば「白いドレスシャツ」がヒットすると、ブランドは翌年には同じアイテムだけでなく、「色違い」をつくります。さらに、「ポケットやボタンなどのディテールを変化させたバージョン」や「衿の形をスタンドカラーに変化させたバージョン」、「ロング丈バージョン」や「秋冬用に肉厚素材のバージョン」と、どんどんと派生品を生んでいきます。それらはいつしか陳腐化して次のトレンドへと移り変わっていくのですが、どこかのタイミングで琴線に触れるアイテムもあるでしょう。

これはどんなハイブランドでも往々にして行っていることで、「二番煎じ」あるいは「二匹目のドジョウ」とまでは言いませんが、売り上げを最大化させるために、売れた商品の派生品をつくるのは当然です。メーカーであれば業界は違っても同じだと思います。

しかし、シャツの例でいえば、翌年の派生品は「色」が違います、次の年の派生品は「ディテール」が違います、その次は「素材」が違います。と、三回も繰り返せばオリジナルとは別物になります。この段階では、オリジナルのよさはほとんど失われているといっていいでしょう。

そもそも「素材」は毎年同じものがつくられるわけではなく、同じ素材をつくろうとしても微妙な違いが出ます。つまり、毎年必ず同じ素材が確保できるわけではないのです。

また、加工品であれば同じ加工を施すことは困難です。素材や加工が変われば当然、色にも影響します。洗い加工などが入る製品であれば、「縮率」（洗い加工でどの程度縮むか）に影響が出て、シルエットも微妙に変わってきます。

素材の出来に合わせてパターンを微調整できればいいのですが、基本的に素材の生成とパターンの生成は別の部署、もしくは別の会社で行われることがほとんどですから、完全に足並みを揃えることは難しいのが実情です。

こうしてリピートを繰り返すほど、オリジナルが持っていた魅力は損なわれていくのです。必ずしも派生品はすべてダメというわけではありませんが、実際は「ダメ」なケースが多いのも事実です。

Chapter2で最初に買うべきスニーカーとして挙げておきながら、たいへん失礼なのですが、コンバースのオールスターはその最たる例かと思います。コンバースは「小手先」でつくっているデザインが非常に多く、色やデザインを足したり、パーツを足したり、形を変えたり、素材を変えたり……コンセプトのないものが多すぎます。安易な発想によって完成度が担保されないままに、あまりにもむやみにバリエーションを広げすぎています。

コンバースオールスターならば、やはり無地のキャンバス素材のものがいちばん完成度が高く、合わせやすい。オリジナルのオリジナルたる魅力はやはりかけがえのないものですオーセンティックには理由があります。「源流こそすべて」とは言いませんが、「源流にハズレなし」だと思います。困ったときは、「源流」を求めてみてください。

着こなしの「源流」、デザインの「源流」、ブランドの「源流」、色々なものがありますが、オーセンティックを知っているからこそファッションは成り立ちます。「派生品」だけではダメなのです。

スニーカーの金字塔はコンバースオールスターであり、例えばミリタリージャケットも、ブランドがいじくりまわしたデザインではなく、実物のオリジナルがいちばんカッコよかったりします。赤いラインやワッペンなどのデザインを入れたポロシャツは、原型であるラコステに敵いません。「派生品」ではなく「源流」こそが、おしゃれへの近道です。

ユニクロだけでもおしゃれはできる

着こなし方や論理的な合わせ方は頭の中に入ったかと思います。と同時に誰もが疑問に思うのは、「方法論さえ身につければ、ユニクロだけでもおしゃれに見えるのでは？」ということでしょう。ユニクロだけで、街で二度見されるようなおしゃれは可能なのでしょうか。

ここで、「質も形も悪いユニクロであっても着こなし次第でおしゃれに見せることはできます」と言えば、本書的には筋が通っているのですが、実はユニクロは質がいいうえに、形もキレイなものが多いのです。

ユニクロは便宜上「ファストファッション」に分類されますが、実は「スローファッション」です。そもそもファストファッションとは、H&Mやザラなどが世界の代表格です。

ファストファッションブランドの特徴は生産体制にあります。一般的なブランドは商品の企画開始から店頭に並ぶまで、およそ3か月〜半年ほど必要なのですが、彼らは3週間程度行います。洋服はデザイン画を描いてすぐ生産に移れるわけではなく、生地と縫製工場を確保して、通常、複数の会社をまたいで生産が行われます。各社の都合などを考慮して準備を行い、生産体制を整えることが必要なのですが、H&Mやザラはこれらの作業を限りなく効率化しています。

アパレルが抱える「企画から生産まで時間がかかる」という問題は、需要のあるときに供給できないという致命的なものにつながります。シーズン途中に「今年は白い靴が売れる!」とわかっても、企画を起こしていたらシーズンが終わっています。

ファストファッションのメリットはまさにここ。企画から生産まであっという間なので、需要のあるときに供給ができるのです。これは革命的な取り組みで、多くのブランドがファストファッションのパワーに食われているのが現状です。

ユニクロの話に戻ります。

実はユニクロはこういったファストファッションとは一線を画します。ユニクロの商品開発期間は、H&Mやザラどころか、ほかのブランドと比べても長いことで有名です。そうして長い期間、企画と開発を揉んで、ロングスパンで販売していく「定番品」をつくるのがスタイルなのです。例えば、フリース。代表アイテムですが、これは流行うんぬんとは関係なく毎年一定量支持され続けています。例えば、カシミアニット。価格破壊アイテムのひとつですが、これも流行などではなく毎年支持されています。

唯一無二をつくりだし、長く愛される服を開発するのがユニクロであり、そのスタイルはどちらかというと「スローファッション」に属するものです。

そうして生まれたユニクロの製品は質も形も驚くものが少なくありません。もちろん10代でも60代でも着られるようにつくられており、形は万人向けで可もなく不可もなくといったものが多いのも事実ですが、時にとんでもない傑作を生みだします。

前章で紹介したスキニーデニムしかり、chapter4の「偏愛アイテム」で紹介するスーピマコットンTシャツしかり。

そういった傑作アイテムを使い、着こなしの工夫を加えれば、ユニクロだけでも十二分におしゃれは可能です。

次章では具体的な写真とともに、ファストファッションの着こなしを解説していきます。本書や私が運営するブログ『KnowerMag』のテーマでもある「お金もセンスもいらない、知ることが必要」ということを体現していきます。

ユニクロで買えば、お金はいらない。本書を手にすれば、センスもいらない。ぜひ次章を参考に、賢く簡単に「おしゃれに見せる」を実現してみてください。

How to make your style

chapter 3 服の合わせ方

コーディネート50スタイルを公開

本章では私の私服コーディネートを50スタイル紹介し、解説を加えました。それぞれ「ベーシック」「Aライン」「小顔」「コート」といったテーマを設け、大原則とルールに沿って服を選びました。メンズファッションが論理的であることを体感してほしいと思います。

ベーシック

style 01

ドレス「10」に カジュアル「3」を 足したお手本スタイル

「スーツ」から逆算したベーシックスタイルです。chapter1でも述べたとおり「ドレス：カジュアル」のバランスは「7:3」が最適です。そのバランスをとる際に、スーツを「10」として、そこに「3」のカジュアル要素を足し算するイメージを抱きます。例えば、春夏のスーツスタイルは「ドレスシャツにスラックスに革靴」が基本の「10」になるので、まずスラックスを黒スキニーにすることで、カジュアルに寄せます。さらに足元をロールアップして柄の入った靴下を見せます。これは、首・手首・足首などコーディネートにおいてもっとも目立つ場所に、あえて派手な柄のカジュアルな靴下を少しだけ見せることで、カジュアル要素を足しています。加えてユニクロのシャツは袖が少しゆるんでいたので袖をまくって細みにしました。袖先は身幅や肩幅よりも全体の印象に与える影響が大きく、まくっただけで、普通のシャツでも意外とサマになることがおわかりになるかと思います。

シャツ／ユニクロ
タンクトップ／アタッチメント
パンツ／ヌーディージーンズ
靴下／ハッピーソックス
靴／ラウンジリザード

カジュアル「3」をシルエットで表現した上級スタイル

少し上級者向けのコーディネートです。①「デザイン」はスラックスにブーツとシャツ、③「カラー(素材)」は「モノトーン＋一色」とかなりカッチリとドレス寄りですが、②「シルエット」だけがカジュアルです。写真ではわかりづらいのですが、パンツはサルエルといって股の部分がとてもルーズなもの。シャツもあえてオーバーサイズを使って袖もたるませルーズです。基本のスーツスタイル「10」に、②「シルエット」でカジュアルな要素を足しているのです。ドレス「10」をデザインでカジュアルに崩す方法もあれば、シルエットや色合わせで崩す方法もあります。「レベルアップ型コーディネート」でロックするところを変えていくイメージです。

柄ソックスで「黒」をランクアップさせるテクニック

こちらは黒Tシャツを使ったまさにベーシックスタイル。上下黒でスーツを連想させる色合わせになっています。足元も革靴でややドレスな雰囲気ですが、style01同様に視線が集中する足元に柄ソックスを入れることでカジュアル感をプラス。カッチリしたスタイルをつくってから、足元に柄ソックスを使うだけという安直な方法ですが、印象が地味になりません。意外とこういった着こなしをする人は少ないのでオススメ。ちなみに、靴下はスウェーデン「ハッピーソックス」というブランドのレオパード柄。1500円程度から買えるのでお手頃なのですが、一度ハマるとほかの靴下がはけなくなるほど中毒性がありますのでご注意を(笑)。

ベーシック

style 04

難アイテムである「インディゴデニム」の正解スタイル

こちらは、夏なので一見カジュアルですが、よく見るとドレス要素を決しておろそかにしていないことがわかります。インディゴデニムはカジュアル度が強く着こなしが難しいアイテムですが、まず、②「シルエット」は細く、③「カラー（素材）」は「モノトーン＋一色」にしてドレスライクにバランスをとります。そして①「デザイン」は、夏なのでシャツや革靴は窮屈。そこでトップスも黒でキュッと細く、袖幅も短く首まわりも細いユニクロのスーピマコットンＴシャツを。足元はスニーカーではなく、ドレスライクなエスパドリーユを選択しました。デニムもなるべく細いもので、全身をさらにスッキリと細く見せるため、視線が集中する足首を露出させています。これでもまだカジュアル感は残りますが、許容範囲だと思います。腕元のブレスも効果的で「近所の兄ちゃん」ふうが払拭され、大人っぽい雰囲気が生まれています。バックを持つのであればクラッチバックがいいでしょう。

Ｔシャツ／ユニクロ
タンクトップ／アタッチメント
パンツ／ラウンジリザード
靴／ガイモ

ドレスを加味した艶感のあるビッグTでデニムスタイルが一変

こちらは反対にトップスにボリュームをつけたスタイル。「夏はバリエーションがない」という人も多いのですが、シルエットに変化をつけるだけでも異なる着こなしができます。インディゴデニムは①「デザイン」③「カラー（素材）」がカジュアル、ビッグサイズの白Tシャツは①「デザイン」②「シルエット」がカジュアル。何か違う要素でドレスに寄せなくてはいけません。そこでTシャツの③「カラー（素材）」を艶のあるものにしました。スーツ同様、艶の多い素材はTシャツでもドレス感を加味できます。Tシャツは何枚あってもいいのですが、一枚でも艶のあるものを持っておくと便利です。style29のようにテーラードジャケットと合わせてもOKです。

帽子／キジマタカユキ
Tシャツ／ディスカバード
タンクトップ／アタッチメント
パンツ／ラウンジリザード
靴／ラウンジリザード

カットソー／ウノピゥウノウグァーレトレリラックス
パンツ／バーシスブルック
靴／ナイキ

地味な色みをシルエットで大人っぽくキレイに

「地味なスタイルは嫌だ」と思う人は、むやみに柄ものや色ものに走る必要はなく、シルエットで変化をつけましょう。「A」ラインシルエットなど上下にボリュームの変化があると、同じコーディネートでもその印象はまったく異なります。ボーダーに黒スラックスというアイテムこそ地味な合わせですが、ボトムにボリュームを出し、またトップスをぐっと細くすることでシルエットに変化をつけています。ボーダーカットソーはカジュアルなイメージが強いアイテムですが、色はモノトーンで柄の幅が細いと、大人っぽい印象を与えることができます。店頭で柄の幅が太いものをよく見かけるのですが、途端にカジュアルになるので注意が必要です。

スーツを大胆にもメッセンジャーバッグでカジュアル化した「A」

ジャケットをややタイトに、ボトムスをややルーズなものにバランスをとった秋冬の「A」ライン。①「デザイン」と③「カラー（素材）」はスーツで上下黒とドレスなので、カジュアル要素としてインナーに白Tシャツを、バッグは思い切ってキャンバス素材のメッセンジャーバッグを使っています。また②「シルエット」は「A」ですから、ややカジュアル。全体でみると面白いバランスです。こういったバランスは海外で見られる、黒のロングコートにベースボールキャップといったように、決して「外国人だから似合う」のではなく、きちんと理屈と裏付けがあってこそ成立するのです。また、インナーはもはや定番といっていいユニクロのスーピマコットン。2枚で990円は驚異的です。

バッグ／カズユキクマガイ
ジャケット／カズユキクマガイ
T シャツ／ユニクロ
パンツ／カズユキクマガイ
靴／カズユキクマガイ

T シャツ／ユニクロ
パンツ／ディスカバード
靴／アディダス

「カーゴにTシャツ」というアメカジをドレスに見せる

一見、「A」ラインシルエットのアメカジスタイルですが、どことなく大人っぽいと思いませんか？　太いカーゴパンツにTシャツを合わせたアメカジは、①「デザイン」がカジュアルすぎるので、艶感のあるスラックス素材でグレーのカーゴパンツを選ぶことで、③「カラー素材」をドレスに寄せました。アメカジの定番、スニーカーもあえてシンプルな単色デザインにすることで、Tシャツにカーゴ、スニーカーといった合わせでも、品よくまとめることができます。③「カラー（素材）」に気を配ればアメカジスタイルもドレスにできるという見本。また、「A」ラインは、上はキュッと細く、下はドカッと太くメリハリをつけることが基本です。

「カジュアル好き」は ドレスを入れる箇所を 常に「全体」でチェック

style09と同様に「Y」ラインのストリートライクなスタイル。若者であれば派手なアクセサリーやスニーカーを持ってきたいところですが、おしゃれはアイテムではなく、「全体」のバランスです。プリントが入ったTシャツにリュックでも、③「カラー（素材）」をモノトーンで構成すればあまり子供っぽくなりすぎません。①「デザイン」②「シルエット」③「カラー（素材）」のいずれかをドレスに寄せることを忘れないようにしましょう。「Y」ラインにはキュッと細いスキニーが必須ですが、足元はクッションを出さないようにしてください。また、足首を見せる場合は絶対に靴下を見せてはいけません。チラッとでも見えてしまうと、台なしになります。

style 10

帽子／キジマタカユキ
リュック／sixe
Tシャツ／ディスカバード
パンツ／ヌーディージーンズ
靴／無印良品

帽子／キジマタカユキ
スウェット／ディスカバード
パンツ／ヌーディージーンズ
靴／無印良品

style 09

色をドレスに寄せて ストリートスタイルを 大人っぽく見せる

「Y」ラインシルエットをつくろうとするとトップスにボリュームが出て、春夏はとくに10～20代によく見られる「ストリート」なスタイルになりやすいもの。もちろん「ストリート」がダサいわけではありませんが、あまりにもカジュアルなスタイルはどうにも子供っぽく映ります。そこで③「カラー（素材）」を一気にドレスに寄せます。このスタイルも①「デザイン」はスウェットにパンツとスニーカーというカジュアルな組み合わせですが、30代でも着られるような大人なスタイルになっているのは③「カラー」がモノトーンだからです。ドレスがきちんと入っているストリートスタイルは若者にはなかなか真似できないはず。だからこそ、差がつくとも言えるのです。

スラックスで簡単に
ドレスを加えて
リゾートを大人っぽく

「海外旅行でリゾート地に行くのですが、どんなスタイルがいいですか？」という質問をいただいたので、今回は少しカジュアルに寄せました。カットソーはインパクトがあるうえに面積の広いマスタードカラーですが、「モノトーン＋一色」なので許容範囲。問題は、ほかのアイテムでどれだけドレス感を加味できるかです。パンツはショーツではなくスラックス、足元はサンダルではなくエスパドリーユ。リゾートだからカジュアル全開でもいいのですが、こうやってドレス感を交ぜるだけで、夏のゆったりとしたリゾートスタイルも上品に大人っぽくなります。ボトムスはstyle11同様にロールアップで体型を隠してくれる「O」ラインに仕上げました。

帽子／キジマタカユキ
Tシャツ／カズユキクマガイ
パンツ／バーシスブルック
靴／ガイモ

帽子／キジマタカユキ
ニット／無印良品
タンクトップ／アタッチメント
パンツ／アタッチメント
靴／ラウンジリザード

50スタイル中、唯一の
白パンツは
小物や靴がカギに

日本人の体型を上手に隠してくれる第四のシルエット「O」ライン。上は丈長で腰位置を隠し、下は中年体型に優しいゆるめパンツ。しかしそれだけでは上下ともルーズな野暮ったいシルエットになるので、裾をロールアップして細く見せる。ここでは白パンツを使っていますが、合わせが難しいアイテムです。前章では詳しく語りませんでしたが、着こなしのヒントは収縮色と膨張色の関係にあります。白は必要以上に太くルーズに見えてしまうパンツなので、裾をまくって細みに見せることがポイント。また小物や靴などに収縮色を使って引き締めると着こなしやすくなります。詳しく知りたい方はメルマガでも語っていますので、ぜひご参考に。

小顔

style 13

膝上丈、腰まわり隠し、袖まくり、衿立てetc. 小技で全体をキレイに

一見なにげないコーディネートですが、小技を詰め込んでいます。まず、chapter2［着こなし編］で解説したとおり、ショートパンツは脚を長く見せるため、「露出している素足の部分」をなるべく多く見せます。そのため「膝上丈」と「見えないソックス」を使用。さらにトップスはなるべく着丈が長めのものをチョイスして、腰まわりを隠し、脚がどこからはじまっているのかごまかします。さらに小顔効果を狙って衿を立たせ、袖をまくってルーズなシャツも細めに見せたりと、視覚効果を狙ったテクニックを多用しています。また、デニムシャツには随分カジュアルなイメージがあるかと思いますが、デザインを削いだこんなシンプルなものであればカジュアルすぎない印象です。また、クラッチバッグもシンプルで小ぶりなものなので、当たり前のように溶けこみ、不自然な印象はまったくありません。テーマは「小顔」なのですが、なかなかのバランスに仕上がっているかと思います。

クラッチバッグ／ラグナムーン
シャツ／ディスカバード
ショーツ／ラウンジリザード
靴／ガイモ

リュック／sixe
ストール／ザラ
シャツ／ディスカバード
パンツ／シセ

チェスターにGジャン、「黒に白」「小顔」でおしゃれが際立つ

「小顔」のカテゴリーに入れましたがこのスタイルもテクニック満載。いちばん面白いのは「ドレスとカジュアルのバランス」のとり方です。ドレス全開のウールのチェスターコートに、インナーにはカジュアルすぎるくらい古着の朽ち果てたようなGジャンを合わせ、白ソックスで黒にアクセントを入れました。普通ならば合わせないアイテムでカジュアルを加えた着こなしは②「シルエット」がドレスだから成り立ちます。巻いているスヌードはユニクロのレディース品で1000円程度。私は決して顔が小さいほうではありませんが､かなりコンパクトに見えると思います。ボリュームのあるスヌードやストールは体型隠しの必需品です。

ストールは巻くのも、ラフに羽織るもOKな必携「小顔アイテム」

style14に続き「格安巻きものシリーズ」です。こちらはザラで買ったストール。ストールを使う男性はあまり多くないので、いいものが流通していません。高価だったり、変な柄が入っていたりと中途半端なものばかり。そこで狙うはレディースです。しかもファストファッションブランドのザラであれば、毎年1000～2000円ほどで大判のシンプルなストールを出しています。ご覧のとおり風が強い日だったのでキュッと巻いていますが、ストールは無造作にグルッとひと巻きするだけでもサマになる便利なアイテム。シンプルなスタイルの味付け、アクセントにも使え、しかも小顔効果が大きいのでオススメです。

小顔

style 14

スヌード／ユニクロ
コート／アタッチメント
ジャケット／リーバイス
パンツ／ヌーディージーンズ
靴下／ナイキ
靴／アダムエロペ

色気をだす3首は やりすぎない 適度なバランスが肝心

首・手首・足首の三か所は視線が集中しやすいポイントなので、全体の印象を左右します。さらに「3首」は各部分においてもっとも細い部位であり、これらのくびれを見せることで「色気」が生じます。では、「3首」を自然に見せるバランスを確認してみましょう。まず胸元ですが、やりすぎは禁物なので、この程度に抑えます。足元は九分丈に、袖は肘までいかないくらいがベストです。このやりすぎない適度なまくり方が「3首」を見せる際のポイントだと思ってください。「ドレスとカジュアルのバランス」に加えて調味料的に「3首」を意識することで、より幅広い着こなしが可能になります。例えば、合コンやデートの際は「3首」に気を使ってみてください。いつも寝ぼけたような顔の私でも、この写真はちょっぴり色気を感じさせることができているのではないでしょうか。

帽子／カズユキクマガイ
シャツ／カズユキクマガイ
パンツ／カズユキクマガイ
靴／ラウンジリザード

3首

style 16

3首

style **17**

マーカのシャツと
Iラインシルエットは
大人っぽさのド定番

こちらは30～40代にオススメ。足首や首元を出さずとも手首だけでも色気は加味できるという好例です。飲み会の席についたら袖をまくってみましょう(笑)。シャツとスキニー、細い「I」ラインシルエット、モノトーン＋一色とchapter1で語った原則を忠実に守ることで、「ドレスとカジュアルのバランス」がキレイにとれています。少し地味に感じるのであれば、このスタイルのように肩がけでアクセントをつけるのもありです。[着こなし編] でも指摘したとおり、薄い色のニットであれば肩がけは自然に見えます。また均整のとれたスタイルの立役者はマーカウェアのシャツです。マーカはオックスフォードシャツづくりに大変長けていて、極上のシャツを毎回リリースしています。ブルックスブラザーズやラルフローレンなど上等なオックスフォードシャツに見慣れた大人ですら驚かせる艶感と美しいシルエットについては、chapter4「偏愛アイテム」でも紹介しているのでご参考に。本当にオススメです。

ニット／無印良品
シャツ／マーカウェア
パンツ／ヌーディージーンズ
靴下／ハッピーソックス
靴／ラウンジリザード

定番のボーダーを スラックスでドレスに。大人がハマる着こなし

無地と柄を比べたときに、着まわしやすいのはもちろん無地ですが、なかには「飽きてきた」という人もいるでしょう。そんなときは、派手な柄ものを選ぶのではなく、ピッチが細くモノトーンのボーダーがオススメです。ボーダーであれば柄ものでも派手にならず、カジュアルにも寄りすぎません。合わせ方としては、カットソーはカジュアルなので、スラックスを合わせてドレス寄りにします。それだけだと少し寂しいので、肩がけのニットを味付け程度に。こちらも派手な色ものではなくモノトーンのものを。柄ものでもアイテム次第では大人っぽくドレスライクに着こなすことができるのです。

シンプル

style 18

シャツ／ユニクロ
カットソー／ダルマールマリン
パンツ／ユニクロ
靴／route

シンプル

style 19

ニット／無印良品
カットソー／無印良品
パンツ／ユニクロ

シンプル下手は カジュアルを多めに 入れてバランス構築

「シンプル」が地味になってしまうという人は、変にデザインの入ったアイテムを選ぶ前に、一度「着こなし」で工夫をしてみてください。こちらはシンプルなボーダーカットソーを着回したスタイル。フランス人はこういったボーダーカットソー（バスクシャツ）の中にシャツを入れて、「ニットふう」に合わせます。「ドレスとカジュアルのバランス」的にはスラックスとシャツにニットを着たスタイルが「ドレス」とすると、こちらでは、ニットをボーダーカットソーに、足元を革靴からスニーカーに「足し算」してカジュアルに変化させています。style01でも書いたとおり、ドレスにカジュアルを加味する方法は簡単なので、ぜひマスターしましょう。

アダルト

style 20

コートを大人っぽく着こなすポイントはインナーの着丈にあり

このスタイルで学んでほしいのはインナーの着丈のバランスです。chapter2［着こなし編］でも語ったとおり、腰の位置を隠すようにインナーを少し長めにしてあります。着丈が長いトップスなんて持ってないよ、という人はインナーにシャツを合わせて、裾からシャツをチラ見させればOK。シャツは普通、前と後ろだけ着丈が長くなっているので、ニットやカットソーに合わせれば自然と裾がチラリと出てくるはずです。［着こなし編］では着丈の短いアウターの設定でしたが、もちろん、このコートのような丈でも有効。また、クラッチバッグはショルダーやバックパックと違いコートスタイルの邪魔をしません。バッグはどれもストラップが身体にかかり、コーディネートの邪魔をするのですが、クラッチバッグなら新聞や買い物袋を持つかのごとく、自然に手に持てます。全体のバランスを崩さず気軽に使えるのでオススメです。ちなみにこのクラッチバッグは2000円程度。激安です。

クラッチバッグ／ラグナムーン
サングラス／ステディ
コート／ストゥッテルハイム
ニット／ツキドットエス
シャツ／マーカウェア
パンツ／ヌーディージーンズ
靴下／ハッピーソックス
靴／アディダス

アダルト

style 22

ジャケット／無印良品
カットソー／ユニクロ
パンツ／ヌーディージーンズ
靴下／ハッピーソックス
靴／ラウンジリザード

Gジャンは着丈次第で体型を隠す優秀なアウター

着丈の長さに注目してください。アウターであるGジャンの着丈に対して、インナーのカットソーが長いので、腰の位置が隠れています。その結果、脚がどこからはじまっているのかわからず、長さはごまかされ、さらにGジャンの着丈がインナーとの比較効果で短く見え、胴も自然と短く見えます。Gジャンは着丈が短めのものが多いので、こういった脚長バランスがつくりやすいでしょう。インディゴのGジャンが苦手であればホワイトデニムやブラックデニムを選べば、インディゴよりドレスライクに見せることができます。足元は柄ソックスをチラ見せして少しカジュアルに。写真では目立ちませんが実は衿も立たせていて、小顔効果も加味しています。体型隠しに余念なしです。

ボーダー×カモフラはカジュアル感を打ち消す気配りを

柄に柄を組み合わせる難易度の高い着こなしもアイテム次第でバランスは保てます。迷彩柄は派手なパターンではなくやや暗めのものを。ボーダー柄は細幅でモノトーンのものを。シンプルな柄使いでカジュアルになりすぎないように配慮すればOK。また、慣れないうちは「ショーツにはシャツ」が便利です。ショートパンツは着丈の長いトップスで腰位置を隠さなければ脚が短く見えてしまいます。シャツは普通、前と後ろの着丈が長いので、ショートパンツに最適のアイテム。「ドレスとカジュアル」的にも、カジュアルさを白シャツのドレスが打ち消してぴったりです。この着こなしから学ぶところは多いと思います。肝心なことはやはり、バランスなのです。

アダルト

style 21

カットソー／ダルマールマリン
シャツ／ユニクロ
タンクトップ／アタッチメント
ショーツ／グラミチ
靴／ガイモ

フレンチカジュアルは大人こそ挑戦すべきアダルトなスタイル

フレンチカジュアルの定番的な着こなし。インディゴデニムのGジャンは誰がどう見てもカジュアルなアイテム。そこで②「シルエット」と③「カラー（素材）」の色合わせをドレスライクに整えてあげます。使っているアイテムはすべて細みで、Gジャン以外はモノトーン。パンツは細みシルエットを崩さないためにクッションが出ない程度に裾上げをしています。デニムやGジャン、ボーダーカットソーなどカジュアルなアイテムですが、モノトーンの色合わせや細みシルエットで全体の印象を大人っぽくドレスライクに調整できています。カジュアルな服装をしたいけど、若々しい派手なスタイルはちょっと……という30～40代男性にオススメしたい「アダルト」なフレンチカジュアル。ちなみにこのGジャンは「お直し」で衿を取って身幅を詰めてリメイクしてあります。見慣れたリーバイスのGジャンも随分と印象が変わって見えるのではないでしょうか？

帽子／キジマタカユキ
ジャケット／リーバイス（リメイク）
カットソー／ダルマールマリン
パンツ／ MB
靴／クラウン

アダルト

style 23

シャツ／ユニクロ
タンクトップ／アタッチメント
パンツ／ユニクロ
靴／クラウン

ニット／ラウンジリザード
パンツ／ユニクロ
靴／ラウンジリザード

白のバレエシューズと白シャツでデニムが新鮮に蘇る

家で眠っているインディゴデニムをシャツで着こなしたお手本コーディネートその②。こちらは春秋をイメージしたシャツで合わせてみました。ロジックはstyle24と同じです。またここでは珍しく白の革靴を使っています。スニーカーに近い印象があるため、黒の革靴よりも少しカジュアルな雰囲気になります。「キメすぎかなー」と思ったときはこういった白革靴で少しハズすのもアリです。靴は「クラウン」というイギリスのブランドのもの。1万円程度で買えるので、価格もスニーカー感覚なのが嬉しい限り。何よりも薄いソールに低い甲なので、スニーカーよりドレスライクで、革靴よりカジュアルライクなハイブリッドアイテムでもあります。

デニムの再利用はカジュアルさをいかに打ち消すかがポイント

家で眠っているインディゴデニムをドレスライクなニットで着こなしたお手本コーディネートその①。「ニット」と一口に言っても粗く編んであるローゲージニットはややカジュアルに見えるので、②「シルエット」と③「カラー(素材)」をドレス寄りに配慮しましょう。このニットもややざっくりと編んである粗いものですが、黒色と袖が短いスッキリとしたシルエットでドレスライクにバランスをとってあります。逆に言うと、目の細かいハイゲージニットはややボリュームのあるシルエットで、色みを使っていてもドレスに保てます。アイテムひとつとっても服を構成する三要素のバランスを意識して、そのうえ全体のバランスに気を配ることが肝心です。

ショーツにTシャツの合わせを革靴でドレスに引き戻す

こちらもstyle26に続き柄のショートパンツを使用。トップスはstyle26と違い艶のない普通の素材感のカットソーです。黒で細み、袖もタイトなので、普通のTシャツに比べればカジュアル感は少ないのですが、全体の①「デザイン」を見ると圧倒的にドレス感が足りません。そこで、足元にはエスパドリーユよりさらにドレスなアイテムである革靴でバランスを調整。普通であればサンダルを合わせがちですが、街着ではカジュアルすぎです。ショーツの場合は、足元かトップスのいずれかでドレス感をつけましょう。ちなみに、このショーツは「グラミチ」で7800円程度で買えます。着こなしはお金やセンスではなく、ロジックだということがわかると思います。

ショーツにビッグTのカジュアルな合わせも、素材がドレスならOK

「ショートパンツは膝上丈って言われても、手持ちが膝下丈なんだよな……」という方はほかのパンツ同様にロールアップが効果的です。あわせて腰位置を隠す着丈が長いトップスを選ぶことも忘れずに。ここではビッグシルエットのカットソーを使っていますが、②「シルエット」がカジュアルでも③「カラー（素材）」が艶のあるドレスライクな素材であればバランスを逸しません。足元もアッパーがスエード素材のエスパドリーユで全体にドレス感をプラス。ショートパンツにTシャツはともすれば、子供っぽく見えるスタイルですが、素材にまで気を配れば、見た目は随分ドレス寄りにすることができます。何事もドレスとカジュアルのバランスなのです。

スウェットパンツに
黒シャツのキモは
白ボタンにあり

このスタイルはchapter2［着こなし編］で詳しく解説したのでまずはそちらを参考に。ここではもう少し細かく黒シャツの選び方について。黒シャツは買ってはみたものの、意外と着こなしが難しくてクローゼットの中で放置されがちなアイテムのひとつかと思います。その原因は、何を合わせても夜っぽい雰囲気になってしまうほど強いドレス感にあります。そんなときは「部分」でカジュアルに調整しましょう。黒シャツのボタンは「黒」が多いのですが、「白」であれば、デザインのアクセントになってドレス感を打ち消してくれます。なぜかというと「デザイン」というものは、目につくほど、カジュアルな印象を与えるからです。白ボタンはシャツの前、袖口と広範囲に及んで目立つため、「全体」にカジュアルな印象をもたらします。手持ちの黒シャツの黒ボタンもお直し屋であれば、1個100円程度で交換可能です。印象が変わるので試してみてください。

スウェットパンツ

style 28

シャツ／N4
パンツ／ユニクロ
靴／ラウンジリザード

style **29**

ジャケット／ラウンジリザード
Tシャツ／ディスカバード
パンツ／ヌーディージーンズ
靴／カズユキクマガイ

スーツ

テーラードジャケットの「基本の型」をマスターすべし

男性ならば誰もが持つべきテーラードジャケットの基本とも言える着こなしです。ジャケットにスラックス、シャツに革靴では100%ドレスになってしまうので、スキニーデニムと白Tシャツでカジュアルに寄せてあります。少しカッチリとした合わせではありますが、まずはこれを「基本の型」として覚えましょう。例えば、応用として、ボトムスにスウェットパンツを合わせるときは、スキニーデニムよりもカジュアルなので、インナーは白シャツに変更します。「基本の型」がベーシックとしてひとつあれば、ほかのアイテムでカジュアル感を足したり引いたりとバリエーションが増え、着こなしの幅が広がります。その一例が次のstyle30です。

style **30**

ジャケット／ラウンジリザード
Tシャツ／ディスカバード
パンツ／ラウンジリザード
靴／ナイキ

スーツ

「基本の型」を知れば足し算引き算でテーラードは無限大に

style29の「基本の型」のバリエーション違いです。こちらは上下セットアップで着ています。ジャケットにスラックスは①「デザイン」②「シルエット」③「カラー（素材）」がすべてドレスなので、街着として着る場合、Tシャツ、スニーカーでハズす方法が簡単です。足元はナイキのエアリフトという少し変わったモデルをチョイスしてみましたが、コンバースオールスターでも構いません。バリエーション違いとしてはインナーに白シャツを入れて、足元はカラフルなスポーツスニーカーでカジュアル化するのもアリ。どこかをカジュアルにしたら、どこかをドレスに。そういった足し算引き算によって着こなしの幅は簡単に広がります。

「白」を差せば ジャケットの上に ダウンでもOK

一方、こちらは冬から春にかけて「コートは着たくないけどジャケットだけだと寒い」という季節の変わり目に、ダウンベストを投入しました。全体はテーラードジャケット、タートルネック、スキニーデニム、革靴となかなかドレスライクなスタイルですが、ジャケットの上にダウンベストを着てバックパックを背負うことでカジュアルに調整しています。また、「全身黒」ではあるのですが、足元や首元など目立つ位置に明るい白を差すことで、地味になりすぎないよう工夫しています。「全身黒」はchapter2［着こなし編］でも触れていますが、てっとり早くおしゃれに見せるベースなので「白を差す」などのアレンジ法を覚えておくと便利です。

style 31

クラッチバッグ／アタッチメント
ダウンジャケット／ソフネット
カットソー／無印良品
シャツ／ユニクロ
パンツ／ヌーディージーンズ
靴／ラウンジリザード

ダウン ベスト

ダウンベストの普遍性は信頼度高し。クラッチの味付けも◎

私はダウンベストが大好きです。理由は気候が不安定な季節に大変便利だから。このカットも春と夏のちょうど間に撮影したのですが、カットソーだけでは少し肌寒い。そんな時期にアウターではなくベストをパッと羽織るのです。ダウンは、ドレスかカジュアルかといえばカジュアルに属しますが、こういった①「デザイン」はシンプル、②「シルエット」は細み、③「カラー（素材）」はモノトーンとアイテムのなかでドレスに寄せるとカジュアルが中和されます。明るい日差しだったので「モノトーンでは暗いかな？」と思いクラッチバッグは明るいブルーにしました。強い色も面積の小さいクラッチバッグなら自然に馴染んでアクセントになります。

ダウン ベスト

style 32

ニットキャップ／H＆M
リュック／コートエシエル
ダウンジャケット／ソフネット
ジャケット／ラウンジリザード
カットソー／ラウンジリザード
パンツ／ヌーディージーンズ
靴下／ナイキ
靴／アダムエロペ

源流

style 33

軍ものも着こなし方で「街着」として成立。鍵は腕まくりとドレス

フランス軍のミリタリージャケットを活用しました。昨今のブランドがつくるミリタリージャケットは凝ったデザインが多いので、逆にこういった「実物」「源流」に戻ったほうがカッコよかったりします。軍ものは基本的に無駄がありません。肩のエポーレットは小銃をぶら下げるために、胸や腕のベルクロは階級章などをつけるために、すべてのデザインに理由があるので、嘘くさくない。「カッコよさのためにデザインされた」ものではないので、説得力を感じます。なお、軍もの唯一の欠点は、腕まわりが欧米人向けにドカンと太くなっていて、②「シルエット」を邪魔してしまうところ。しかし、これは腕をまくることで細みにごまかし、ボトムスをスキニーにブーツで合わせドレスを徹底することでバランスをとります。ちなみにこのミリタリージャケット、上野のミリタリーショップ中田商店で2000円。手頃な価格で「源流」が手に入ってしまう軍ものは魅力たっぷりです。

ジャケット／フランス軍実物
T シャツ／ユニクロ
パンツ／ MB
靴／カズユキクマガイ

style 34

ザラの激安ストールで腰の位置を隠した「O」ラインシルエット

chapter2［着こなし編］ではロングコートにはスキニーデニムがセオリーと書いたのですが、着こなしの幅を出す例として「O」ラインシルエットをつくってみました。体型隠しには腰の位置をごまかすことが肝要なので、ストールを巻かずに首から垂らして腰の位置が見えないようにしています。「ドレスとカジュアルのバランス」は、③「カラー（素材）」の点で見ると、コートにシワが強く入ったややカジュアルな素材なので、スラックスや色合わせをモノトーンにすることでドレスライクにしたうえ、足首を出して調整しています。なお、このストールは前出のザラのもの。パッと羽織った見た目はとても2000円程度のものには見えません。オススメです。

style 35

上半身はドレス、下半身はスポーツで海外スナップライクに

黒のロングチェスターコートにインナーは黒ニットと白シャツで、完璧にドレスライクなスタイルに仕上げた上半身に対して、下半身は大胆にジャージとスニーカーでカジュアル化させ、海外のファッションスナップのように完成度の高いコーディネートを目指しました。よく見れば、②「シルエット」と③「素材（カラー）」がドレスで、スニーカーもオールホワイト、ジャージはぐっと細めのものを使っているので、アイテムのわりには、さほどカジュアルを感じさせません。また小物も、首元のスヌードで小顔効果をプラスしつつ、眼鏡はchapter4「偏愛アイテム」で紹介しているトムフォードのものを使って「賢そうな印象」を演出。この眼鏡はハッタリが利くのでたいへん便利です（笑）。

コート

style 36

ドレスをスニーカーで カジュアル化した 海外スナップの定番

ロングコート、ドレスシャツ、スラックスと①「デザイン」がドレスライクに寄ったスタイルに派手で目立つスニーカーを選んでカジュアルを足しました。海外では、カッチリしたスーツスタイルに派手な赤色のスニーカーなど、大胆にバランスをとる方法をよく見かけるのですが、日本ではあまり見かけないのでオススメです。またstyle34 同様に、胴長短足体型を隠すためにストールを長めに垂らし、腰の位置を見えないようにしています。少し立たせた衿やストールのおかげで小顔効果が生まれました。またシャツの袖を一折りして黒に白を差す工夫も。スニーカーは、ナイキの「フリーウーブン」というシリーズですが、一見合わせにくいように見えて、実はソールが薄くフォルムも細いので、全体としてはボリュームが抑えられたデザインです。派手なカラーリングはボリュームがあると子供っぽくなり難しいのですが、これは大人っぽいドレススタイルにもよく馴染んでくれます。

ストール／ザラ
コート／sixe
シャツ／ディスカバード
パンツ／カズユキクマガイ
靴／ナイキ

チープなアイテムも組み合わせ次第で全体はドレスに見える

オーバーサイズのジップアップブルゾンやインナーにはスウェットと、かなりカジュアルなアイテムを使っているのですが、モノトーンの色使いとシャツやスキニーデニム、革靴で全体はしっかりドレスライクにまとめあげています。ブルゾンはユニクロ、インナーのスウェットはユナイテッドアスレという1000～2000円程度で買えるもの。その下に着ているシャツもユニクロです。こんなふうにチープなアイテムでも組み合わせ次第でいくらでもおしゃれはつくれます。ポイントとしてはstyle 01で述べたとおり「スーツからの足し算」です。シャツの上にニットであればドレスですが、ここではニットをスウェットに、黒ジャケットではなく黒ブルゾンに、スラックスではなく黒スキニーに。全体のいくつかを「ドレスに似ているけどカジュアルなアイテム」に変換することで、面白いバランスがとれています。合わせに困ったら一度スーツを連想して足し引きすることがポイントです。

ファスト
ファッション

style 37

クラッチバッグ／ラグナムーン
サングラス／ステディ
ジャケット／ユニクロ
シャツ／ユニクロ
スウェット／ユナイテッドアスレ
パンツ／ヌーディージーンズ
靴／ラウンジリザード

ニットにスラックスというドレスをシルエットで崩す

こちらもドレスを崩したスタイル。無印良品のサマーニットにユニクロのスラックスという①「デザイン」はドレスな組み合わせなのですが、②「シルエット」をややルーズにカジュアルに見せています。style38と比べると、少しキレイに見えるのは、袖や裾をまくって細みに強調しているからです。また手首や足首を出すことで色気もほんのりプラスされているかと思います。デートや合コンにオススメなスタイル。靴はstyle38同様に、革靴をペンキでペイントしたもの。少しはげてきてアンティークのような雰囲気になっています。ニコニコ動画の『MBチャンネル』ではこういったアイテムのカスタマイズ方法も提案しているので、参考にしてみてください。

ファスト ファッション

style 38

リュック／ sixe
シャツ／ユニクロ
タンクトップ／アタッチメント
パンツ／ユニクロ
靴／ MB リメイク

ファスト ファッション

style 39

ニット／無印良品
タンクトップ／アタッチメント
パンツ／ユニクロ
靴／ MB リメイク

「基本のドレス」をシルエットでカジュアルに崩す

style01でも語った「スーツからの足し算」はこんな計算も可能です。これはドレスシャツにスラックスというスーツ定番の組み合わせを、スラックスの裾はあえてたっぷりクッションをつけ、シャツもやや大きめのサイズを着ることで、「基本の型」であるスーツの「②シルエット」を思いっきり崩してルーズでカジュアルな印象にした変化球です。上下ともにユニクロで、合わせて1万円以下。ファッションはお金でつくるものではありません。ちなみに、靴はもう履かなくなった黒の革靴をペンキで塗りつぶしたものです。「コンバースにペンキ」は私の学生時代の定番アイテムだったのですが、革靴でも面白い感じに仕上がっています。

ファスト ファッション

style 40

パーカー／ユニクロ
Tシャツ／ユニクロ
パンツ／ユニクロ
靴／無印良品

「白」で統一された マウンテンパーカーの お手本スタイル

カジュアルの代表アイテム「マウンテンパーカー」は山登りが好きな男性のみならず、ここ数年は街着の羽織ものとしても人気上位に君臨しています。しかし、色の切り替えや派手なデザインなど、「ド」がつくほどカジュアルなものが多く、バランスを取るのが難しいのですが、③「カラー（素材）」を白一色にしたモノトーンであれば、途端にドレスな雰囲気をまといます。実はこれもユニクロで、ジップもフード部分についているドローコードもすべて白一色で仕上げた傑作アイテム。ユニクロがこんなにシンプルでドレスな印象のマウンテンパーカーをつくるなんて……。合わせているスラックスもユニクロ、靴は無印良品――チープには見えませんよね？

ファスト ファッション

style 41

ジャケット／ユニクロ
Tシャツ／ユニクロ
パンツ／ユニクロ
靴／ユニクロ

モノトーンなら 全身ユニクロでも おしゃれに見える

こちらは全身ユニクロでコーディネート。ブルゾンやTシャツ、スニーカーなど①「デザイン」はカジュアル揃いですが、パッと見がドレスライクになるよう、③「カラー（素材）」を上下黒にして白のインナーを差しています。ボトムスはスラックスでドレスに。足元はレザーシューズなどでもいいのですが、全身ユニクロがテーマだったので白のスニーカーをチョイスしました。袖と裾をまくって細身でスッキリ見えるように調整しているところもポイント。またインナーの着丈もやや長めにして腰位置を隠せるように配慮しています。着こなし次第では「全身ユニクロでもおしゃれに見える」ことを示した好例ではないでしょうか。

白を使って「おしゃれはロジック」を全身2万円で体現

chapter1で述べた「レベルアップ型コーディネート法」を思い出しましょう。②「シルエット」は「I」ラインに、③「カラー（素材）」の色使いはモノトーンに、あとは①「デザイン」だけでバランスをとる方法です。ここではTシャツとスキニーデニムと革靴でバランスをとっています。革靴は本来黒がオススメですが、夏場のスタイルということで少しカジュアルに白をチョイス。また無地同士のシンプルな組み合わせを「地味」と感じる方もいると思うので、肩がけスタイルを実践しています。これらはすべてユニクロと無印良品のアイテム。靴だけイギリス製のクラウンですが、１万円程度のものです。chapter1と2で述べてきた大原則とルールさえ知って実践すれば、ユニクロだろうと高級ブランドだろうと関係なくおしゃれはできます。このスタイルは時計を除けば靴まで合わせても全身2万円程度で揃えることができます。お金でもセンスでもなく、おしゃれはロジックなのです。

ニット／無印良品
Tシャツ／ユニクロ
パンツ／ユニクロ
靴／クラウン

ファスト
ファッション

style 42

ミリタリーパンツのカジュアル感を黒シャツで打ち消す

軍ものの古着をパッチワークでつくった一点もののミリタリーパンツです。遊びが利いていて随分気に入っているのですが、かなりカジュアルなアイテムなので、普通は「使いにくい」と敬遠するデザインかと思います。ドレスへの調整方法は、トップスに白よりドレス感が強い黒シャツを合わせます。足元はもちろん、革靴かエスパドリーユを選ぶことでアクの強いパンツを中和し、ドレスに寄せます。原宿などでは上下とも派手なデザインのカジュアルアイテムを組み合わせた若者が少なくないですが、ドレスシャツやスラックスなど上下のいずれかをドレスに傾けるだけで、子供っぽさがとれておしゃれな印象に変わります。ぜひお試しを。

シャツ／N4
パンツ／sixe
靴／ガイモ

リュック／sixe
ジャケット／sixe
シャツ／H & M
パンツ／ドレスキャンプ

style 43

ボトムスで遊ぶ場合はトップスを意識してドレス寄りにバランス

ここからは「遊びパンツ編」。ボトムスは印象を整えるアイテムです。そのボトムスをカジュアルに寄せると着こなしはどう変わるのか見ていきましょう。まずは、面白いデザインのジャージパンツです。「ジャージ」ですから、どう転んでもカジュアルなアイテムなので、トップスはジャケットと白シャツで①「デザイン」をドレスライクにバランスをとります。遊びのあるパンツはトップスをドレスにまとめることがポイント。このスタイル、取引先との打ち合わせのときによくしていたのですが、持ち物が多くなるため基本はリュックです。リュックももちろんゴテゴテと派手なデザインではなくsixeのシンプルで黒無地のデイパックを使っています。

ジャージパンツを「街着」としてドレスに着る

日本人はジャージパンツといえばスウェットを合わせて、ヤンキールックにしてしまうのですが、私は20代前半から海外のスナップでジャージパンツにジャケットやシャツ、テーラードジャケットのなかにジャージを着るスタイルを見ていて「ジャージってこんなにふうに着るんだ!」と憧れを持っていました。海外では「ドレスとカジュアル」が非常に自由な発想で成立しているのですが、日本人は「カジュアルパンツにはカジュアルトップス!」と几帳面にカテゴライズして一系統に偏りがちです。海外の街着のようにミックスさせたスタイルを多くの人が実践できるといいなあと日々思っています。ここでは、シャツにスラックスに、革靴という100%ドレスなバランスを、ボトムスをジャージに替えることで大胆にカジュアル化しています。「ドレススタイルの何か一点を思いっきりカジュアルに替える」という着こなしは、応用が利くのでぜひマスターしましょう。

遊び
パンツ

style 45

クラッチバッグ／アタッチメント
シャツ／ユニクロ
タンクトップ／アタッチメント
パンツ／ドレスキャンプ
靴／ラウンジリザード

アレンジ

style 47

リュック／sixe
サングラス／ステディ
ジャケット／
ジャンポールゴルチエ
シャツ／リトルビッグ
パンツ／ディスカバード
靴／ラウンジリザード

Gジャンにスラックスで体型をごまかす「O」ラインのお手本

ドレスシャツとスラックス、革靴でモノトーンにまとめたスタイルです。アイテムはドレスですが、アウターの白Gジャンでカジュアルな印象をつけています。この白Gジャン、ペンキでペイントしたかなりラフなもので、ドレスなパンツとインナーをぐっとカジュアルに引き寄せて適度なバランスをとっています。インナーの着丈はやや長く、ボトムスは太いけど裾を細くしたテーパード、典型的な「O」ラインシルエットです。私のような中年体型や胴長短足がうまくごまかせているのではないでしょうか。「ちょっとキメすぎかな？」と思うときはリュックなどのカジュアルバッグが効果的です。パッと背負うだけで簡単にカジュアル感が微調整できます。

実は全身ドレスをスニーカーでハズした外国人風スタイル

ここからMBの趣味的スタイルが続きます。ミハラヤスヒロの宇宙服のようなチェスターコートは「コクーンコート」といって繭をイメージしたアイテムです。こういった③「カラー（素材）」に遊びゴコロが溢れたアイテムはほかでドレスライクに調整しましょう。そこで、シャツにハイゲージニット、スキニーデニムと、かなりドレスな組み合わせでまとめました。ただ、①「デザイン」はあくまでドレスなチェスターコートなので、足元はスニーカーにしてカジュアル感を少しだけ足しています。なかなか面白い合わせですが、会う人会う人に「外国人みたいなスタイルだね」と褒められます。

アレンジ

style 46

コート／ミハラヤスヒロ
ニット／アタッチメント
シャツ／ディスカバード
パンツ／ヌーディージーンズ
靴下／ナイキ
靴／アディダス
手袋／ディスカバード

リュック／sixe
サングラス／ステディ
コート／sixe
ニット／ツキドットエス
シャツ／ユニクロ
パンツ／ドレスキャンプ
靴／ラウンジリザード

ステンカラーコートにジャージを合わせてカジュアル化

こちらはchapter4の「偏愛アイテム」でも語っているステンカラーコートを使ったスタイル。ハリのあるステンカラーコートに艶感のたっぷりあるハイゲージニットを合わせ、インナーにはドレスシャツと、①「デザイン」に関しては紳士もビックリするほどドレスな組み合わせです。しかし、ボトムスを大胆にジャージパンツにしたことで、なかなか凝ったバランスに仕上がっています。ステンカラーコートをカジュアルに寄せる場合、多くの人はデニムを合わせるのですが、ルールさえ順守すれば、これくらい変化球でもOKです。海外ではこういった大胆な着こなしが多いので、ファッションスナップを参考にしてみるといいでしょう。また、シャツの裾を出して腰の位置を隠したり、衿を立たせて小顔に見せたりと定番の小技にも注目です。海外スナップを意識してサングラスをかけているのですが、少し曲がっているのはご愛嬌です（笑）

アレンジ

style 48

帽子／アタッチメント
リュック／sixe
ニット／ツキドットエス
シャツ／ユニクロ
パンツ／MB
靴／ラウンジリザード

シャツニットを小物でカジュアル化させた簡単アレンジ

基本はスキニーデニム、黒ニット、白シャツとドレスライクなスタイルですが、小物と着こなしで変化をつけたコーディネートです。小物がない状態だとドレス感が強く少し「キメすぎ」な印象なので、ベースボールキャップ、デイパック、さらに足首の露出でカジュアル感をつけています。秋や春先などでよくやる定番スタイルですが、足元は柄の入ったソックスで味付けしてもOK。シャツニットといったベタなスタイルは、服でバランスをとるよりも、カジュアルな小物を使うことで垢抜けた表情にできます。「小物を使ってカジュアルにする」という意味で「アレンジスタイル」として掲載していますが、服でバランスとるより簡単な場合も多いので、ぜひ試してみてください。

ダウンベスト／カズユキクマガイ
パンツ／カズユキクマガイ
シャツ／カズユキクマガイ
靴／カズユキクマガイ

ダウンベストやチェックシャツも配色次第でドレスに

チェックシャツやダウンベストなどアメカジライクなアイテムでも、③「カラー（素材）」次第では随分と印象が変わるものです。よく「チェックシャツはアメカジアイテムなのでドレス感が足りず、うまく合わせるのは難しいですか？」といった質問をいただくのですが、配色やシルエット、合わせるアイテムに配慮すれば十分ドレス感はプラスできます。ここでは配色に着目し黒系をベースに構築し、ダウンベストもあまりモコモコしたカラフルなものではなくモノトーンでシンプルなもの、足元もぬかりなく細めのブーツを選んでいます。たとえアメカジのアイテムを使っていても、野暮ったさや子供っぽさは皆無で大人っぽくキレイに見えるかと思います。

My favorite items

偏愛アイテム

chapter 4

厳選したアイテムBEST15を公開

私が日常から「偏愛」しているアイテムを厳選しました。これらはどんな基準で選ばれてコーディネートに使われているのか？　その一端を知っていただくことで、服との付き合い方や、服を買って着るという楽しみが増えることを願っています。

No. 01

アタッチメントのタンクトップ

国内のデザイナーズブランドのなかでは屈指の知名度を誇るアタッチメント。10年続くのが難しいと言われるデザイナーズブランドの世界で、15年以上人気を継続している稀有な存在です。その代表アイテムがこのタンクトップをはじめとするプリモアフライスシリーズ。「プリモアフライス」とは表面に風合記憶加工を施した独自開発の素材のことで、横に伸縮性のあるフライス編みの素材を使い込んでも劣化しにくくなっているのが特徴です。私はTシャツ一枚のスタイルであっても、タンクトップをインナーとして使っていて、chapter3のコーディネートでもすべてタンクトップを着ています。なぜかというと、「乳首透け」を防止するとともに、カットソーやシャツの傷みを防いでくれるからです。もちろんそのぶんタンクトップは肌に直接あたるので、ダメになりやすい。そこで、「丈夫で形がキレイでコスパがいいものはないか」と探してたどり着いたのがこの逸品なのです。当初は「風合記憶加工、なんじゃそりゃ?」と思っていたのですが、いくら洗っても色褪せすることなく、薄手のフライス素材ながらいつまでも肉厚でしっかりとした生地感を保ってくれます。縫製のほつれも少なく、私が初めて購入したものは4年目にしてようやく少しほつれが生じたくらい。首の開きも広く、VネックなどのTシャツを着てもタンクトップが見えることがありません。形もキレイで一枚4500円(+税)。買えばどんなにヘビーユースしても3年は使えます。半端じゃないコスパを誇る老舗ブランドの名作。人気が続くには理由があるのです。

No. 02

ユニクロのスーピマコットンTシャツ

同じTシャツを2枚セット、3枚セットなどで販売する「パックTシャツ」。ヘインズなどでおなじみの販売方法です。「なんでも使えるから、2枚3枚と一気に必要でしょ」と言わんばかりのまとめ具合なので、へそ曲がりな私などは「同じTシャツなんて何枚もいらねーよ」「夏は客単価が低いからってまとめて買わせんな」と思ったりもするのですが……このスーピマコットンTシャツには脱帽です。1セットでは飽き足らずに黒、白、グレーと色違いで計4セット、8枚も購入することに。「安かろう悪かろうではなく、よいものを安く提供したい」という柳井正ファーストリテイリング社長のスタンスを反映して、高級素材として世界的に有名な「スーピマ綿」を超格安でリリースしているのですが、実は最大の魅力は素材ではなく、ずば抜けた形の美しさにあります。アンダーウェアライクな細みカットソーはよく見かけますが、着用したときのシルエットは1万円のカットソーでも出せない完成度を誇っています。首まわりのバインダーの細さ、華奢で頼りない日本人の腕をキレイにたくましく見せる短めの袖、腰の位置を隠し短足をごまかすやや長めの着丈など、体型をカバーする「視覚効果」をふんだんに取り入れています。style03、style04、style42と体型に自信がない私のような純日本人でも「おっ!?」と目を疑うほどにキレイな身体に見せることができます。2枚といわず8枚パックで売ってほしいくらい。しかし、これが2枚パックで990円（＋税）だというのですから、ほかのアパレルブランドは歯が立ちません。

No. 03

MBのスキニーパンツ

スキニーパンツが必携アイテムであることはこれまで書いてきたとおり。カジュアルでありながらドレスライクで大人な雰囲気に見せてくれるハイブリッドアイテムの筆頭格だと言えるでしょう。日本でもここ数年かけて浸透し市民権を得ています。しかし、どのブランドのものをはいても「外国人がスナップではいているようなシルエット」には一歩及びません。万人の体型に合うように少し裾幅に余裕を持たせたせいでどこか中途半端なシルエットに。またシルエットがよくても、艶感が足りなかったり、すぐ伸びてしまったりと理想のものに巡り合いません。いつかは手に入れたい、そんな思いを長年抱えていたときにメルマガの読者から「つくってください!」との声をいただき、動きだしたのが企画の発端。当初、サンプルづくりは失敗続きで挫折寸前。「自分だけじゃ無理だ!」と、いくつもの有名ブランドを立ち上げてきた実力派デザイナー白谷直樹氏をアドバイザーに迎えて共同で製作しました。結果、形も素材も仕様も完璧なものができあがったと自負しています。style23、style33ではいているのですが、スラックスのようにツヤのある風合いと、ストレッチ性の非常に高い素材、そして日本人のずんぐりとした体型をカバーするようにウエストまわりがゆるく、裾がキュッと細くなったメリハリを利かせたスキニーシルエット。ドレス感たっぷりの見た目、まさに理想です。

生地や工場の都合で限定100本の受注生産を行いました。今回は完売につき、また折を見て予約の受け付けをしたいと考えています。お楽しみに。

No.04

ツキドットエスのニット

長らくいろいろな洋服を見てきていますが、「1ミリたりとも不満のない完璧なアイテム」というものは片手で数えるくらいしかありません。その数少ない一つがノリコイケのニットでした。それは例えるなら高級スーツです。スーツはシワが出ないものが美しいとされます。なぜなら、艶をたっぷりと含んだ極細の上質なウール素材の艶感を邪魔することなく、シワのないキレイなシルエットが求められるからです。しかし、複雑な曲線を描く人間の身体において、シワが出ない服というのはなかなかにハードルが高く、実現できるのは手の込んだ高級オーダーメイドのスーツなどに限られるでしょう。そしてノリコイケのニットはまさに「シワの出ない高級スーツ」のような風格があるのです。身体にフィットする無駄のない形、極上の素材を使ったスーツ顔負けの艶感、それらがシンプルなデザインを高級スーツのような雰囲気に格上げしてくれているのです。しかし残念ながらニットの名手であったノリコイケのデザイナー、小池のり子さんは2011年に他界。氏の魂を受け継いでスタートしたのがこのツキドットエスです。ノリコイケのニットと寸分違わぬ美しい素材、美しい形をつくりあげ、「1ミリたりとも不満のない完璧なアイテム」を今も変わらずつくり続けています。日本人の体型に合わせたコンパクトなシルエットづくりは世界的なニットブランド、ジョン・スメドレーをも超えた完成度ではないでしょうか。秋冬には欠かせないアイテムで、style49では黒を、style20では色違いを着用しました。また、耐久性の高い度詰め天竺コットンを使ったカットソーも全男性にオススメです。

No. 05

マーカウェアのオックスフォードシャツ

ミリタリーなどを得意とする中目黒のブランド、マーカウェア。ここの石川俊介氏は洋服の細部に至るまで徹底的な追求を行う職人気質のデザイナーです。ブランドが各バイヤー向けに開催する展示会では「スワッチ」と呼ばれる資料が配布されるのですが、マーカのスワッチほど各アイテムの説明文が長いものを見たことがありません。どういった思いでこの服を着想し、どこでつくられた素材を使っていて、どういったことに気を配って製作し、どの工場で縫製し……と、縫製に使ったミシンの品番までこと細かに記載してあります。それだけに洋服一枚一枚に対する思い入れが強く激しく、徹底したこだわりをもってつくられています。そんなマーカの代表的なアイテムがこのオックスフォードシャツ。アメリカンカジュアルの象徴であり、どのお店でも見かけるありふれたアイテムですが、このシャツは一度袖を通してみると鳥肌が立つくらい美しい。style17で着ているように、人間の身体に合わせて立体的につくったというシルエットは決して窮屈なほど細いわけではありませんが、驚くほど身体にフィットします。カジュアルな印象のオックスシャツですが、艶をたっぷり含んだ素材のおかげでドレスシャツのような風格を見せてくれます。ショートパンツなどでラフに合わせても大人っぽさが滲み出ます。私のワードローブには欠かせない一枚。すでに完成しているシャツなのですが、デザイナー石川氏は追求をやめず、シーズン毎に微妙にパターンや素材を進化させています。その真摯な姿勢にはただただ驚くばかりです。

No. 06

ワカミのブレスレット

半袖スタイルは地味になりがちです。腕まわりは素肌のみとなりアクセントとなるものは何ひとつありません。それでは寂しいと腕まわりに腕時計とブレスレットがひとつあると便利なのですが、「小物に高い値段をかけたくない」というのは男性であれば誰しも思うことでしょう。メンズのアクセサリーはとにかく高いものが多く、細い華奢なブレスレットでも2万〜3万円するものも。何か手頃でいいブレスレットはないものかと探していたところ、展示会で巡り合ったのがこのワカミのブレスレットでした。その手頃さはなんと7本セットで4800円(+税)という破格さ。しかも3か月以内に破損した場合は新品と交換するという保証付き。果てしなくコスパがいいブランドです。デザインもツボを心得ています。巷によくあるブレスレットは色とりどりに着飾ったネイティブ調のものや、シルバーや天然石を多用したラグジュアリー調のものなど、どこかデコラティブなわざとらしい雰囲気があるものですが、ワカミはワックスコード、ビーズ、メタルを基本にネイティブ調の編み込みデザインながら、派手になりすぎないカラーリングで仕上げています。また7本をすべて身につけるのではなく2、3本だけにして控えめにしてみたり、調節できるのも嬉しい。以前、メルマガで紹介したところ多くの反響をいただき、「学生なので友達と7本を分け合ってます!」といった感想も。服の雰囲気を邪魔しない華奢で細みのブレスレットなので、シルバーは苦手という方にもオススメできるアイテムです。今では、私自身、夏シーズンには欠かせない一品になりました。

No. 07

ラウンジリザードのスーツ

ちょっと洋服を知っている男性なら一度は名前を聞いたことがあるであろう、ラウンジリザードは1998年の創立から17年が経過する国内老舗デザイナーズブランドです。流行が移り変わるファッション業界にありながら、ブランド創立当初からスーツやテーラードジャケット、スキニーデニムなどの細みスタイルを提案し続けた稀有な存在です。長年スーツやテーラードをつくり続けているため、その蓄積は半端ではありません。デザイナーの八重樫学氏は誰に任せるでもなく、自分の足で全国を回り工場や素材を見つけ、その知見の広さで最良のスーツを低価格でリリースしてきました。「高い洋服って買う気にならないでしょ?」というのが氏の口癖。誰もがカッコイイと思える洋服を、なるべく安く、また長く着ることができるように、というのがラウンジリザードのポリシーなのです。スーツもその思想に沿ってつくられています。立体的なシルエットと、艶のある極上の素材を使い、薀蓄など知らずともパッと羽織るだけで「ああ、これがいいスーツなんだな」と納得できます。私はもう10年近くここのスーツを愛用しており、style29やstyle30のような合わせをはじめ、パーティーシーンや取引先との打ち合わせ、またはジャケットやスラックス単体でカジュアルに使うなど幅広く活用しています。クラシカルで重厚なスーツもいいのですが、日本人に似合うスーツはこんな華奢で細みなデザインのものではないかと思います。スーツに詳しい人もそうでない方も一度羽織ってもらいたいアイテムです。ちなみに、コーディネートではスキニーや靴なども愛用しています。

No.08

ナイキのエアマックス90

スニーカーは派手な切り替えやボリュームのあるデザインが多く、カジュアル感がありすぎてなかなか合わせにくいものです。インディゴデニムに合わせると「兄ちゃんコンビニへ行く」といった風情が強くなり、どうにもドレス感が足りません。一方、海外のファッションスナップでは、スラックスなどのドレスなスタイルにボリュームのあるカジュアルスニーカーを合わせて大胆な「ドレスとカジュアルのバランス」をとることがあります。スニーカーながらこういった着こなしを日本人でも可能にするのがエアマックス90です。バスケットシューズなど幅があってボリュームのあるスニーカーを合わせると、どうしても子供っぽくなってしまうのですが、エアマックスは、パッと見こそボリューム感のあるデザインですが、よくよく見るとつま先部分がキュッと細く、また幅もやや狭いので意外とボリューム感が出ないフォルムになっています。ボリュームがありながらも適度に細みに仕上げられているので、大人っぽさを残したまま合わせることができるのです。また、オールホワイトモデルがあり、ドレスライクな雰囲気を強く見せることもできます。私は、このエアマックス90のフォルムが数あるスニーカーのなかでも指折りだと思い……色違いなども複数持って使い分けています。そして、イエローのスウッシュはNIKEiDでつくったオリジナル。「スニーカーは子供っぽい」という人にもオススメできる逸品です。ハイテクスニーカーの金字塔はエアマックスだと言えるでしょう。

No.09

フォックスの折りたたみ傘

ここ十数年、中国製のビニール傘が増え続けています。雨の日の病院や美容室の傘置き場は透明の傘でいっぱい。確かにコンビニで売っているので困ったときにすぐ買える、ダメになったら捨てればいいという便利なアイテムではあります。しかし30代以上の男性がスーツ姿にビニール傘というのは、格好のいいものではありません。ましてや、結婚式やパーティーなど冠婚葬祭ともなれば言わずもがなでしょう。いざというときのためにいい傘を一本持っておくというのは悪い選択ではないと思います。私も実は長年「ビニール傘でいいや派」だったのですが……このフォックスの折りたたみ傘を手にして愛用してからは、一切買わなくなりました。折りたたんだ状態なら鞄の中に入り、かさばることもありません。何より見た目がとても素敵。持ち手の部分は自然素材でつくられた実に味わいのあるもの。ハリのある素材はもちろん、なんといっても傘を開いたときの骨組みには格別の格好よさがあります。ヴィクトリア女王の時代から生産されている老舗傘ブランドであるフォックス。その職人気質な出来は見た目にもきちんと影響を及ぼしているのか、地味で無地のデザインながら「いい傘を持ってますね」と結構な割合で言われます。これを使うまでは雨が降ってはビニール傘を買い、すぐダメになるので捨てて買い直して、と何度も繰り返していたのですが、いい傘だと大事に使うのでエコにもなります。また、壊れても修理を受けてくれるので本当に一生使えるかもしれません。──結果的にそのほうが安く済む、というような気さえしているほどです。

No. 10

ガイモのエスパドリーユ

スペインの伝統工芸品であるエスパドリーユ。スニーカー以上革靴未満のドレス感を持つ、使いやすいハイブリッドアイテムとしてchapter2でも紹介しました。ファッション的な優位性はそちらを参考にしてもらうとして、本項ではなかでも私が愛用しているガイモのエスパドリーユを紹介します。エスパドリーユはスリッパ状につっかけて履くものですから、幅が広いデザインだとすっぽ抜けてしまいます。そのため、大概のエスパドリーユは細みの革靴のようなフォルムになっているので、そこまで「ハズレ」な形がなく、安物でも十分に使える珍しい靴なのです。その点ガイモには、素材の魅力があります。アッパーが艶のあるスエードレザーでできていて通常のコットン素材のものよりもずっと革靴ライクな印象を構築できるのです。おかげでstyle04のようにインディゴデニムや、style13のショーツなどカジュアルなアイテムに合わせたときに大人っぽい印象を与えられるので重宝しています。近年になってエスパドリーユの認知度は随分上がりましたが、私はもう6〜7年前から愛用しています。長年いろんなエスパドリーユを試してきて、このスエードレザーのモデルがもっともしっくりくるのでここ2年はヘビーユースしています。革靴ほどカッチリせず、スニーカーほどラフにならず、ちょうどよいドレス感をまとうことができます。春夏の必携アイテムと言えるでしょう。履いたことのない方は、スエードレザーでなく、2000円くらいのコットン素材のものでもいいのでぜひお試しあれ。着こなしの幅が広がります。

No. 11

sixeのステンカラーコート

前項で語ったMBのスキニーのアドバイザーとなってくださった白谷直樹氏。その白谷氏がデザイナーとして運営していたブランドがこのsixeです。すでにsixeというブランド自体は活動を停止しているのですが、私は過去見てきた数あるブランドのなかでsixeがいちばん自分の好みでした。一枚一枚のアイテムが非常に地味ではあるのですが、形や素材感など完成度を徹底的に意識していて、地味だけど長く使えるスタンダードアイテムを多数つくりだしてくれました。このコートも随分前に購入し、ずっと愛用している一枚。なんてことのないステンカラーコートですが、素材に触れば納得、ちょっとびっくりするくらいの肉厚素材です。長年着ているのですがまったくへたることなく今でも現役。また硬い素材感になっているため、シルエットがとてもキレイに出ます。服には柔らかい素材が身体にフィットすることで見えるシルエットの美しさもあるのですが、見え方はある程度体型によります。しかし、style48のように硬い素材を身体にあえてフィットさせないことで体型には左右されない服本来の形を楽しむこともできます。着丈の長さやシンプルなデザインなど、どこをとってもソツがなく、どんな着こなしにも対応してくれるため春先や秋口に欠かせないライトアウターとして重宝しています。ほかにもこのsixeの名作は多く、コートだけでなくパーカーやシャツ、カーゴパンツやコーディネートで使っているリュックなど。もう何年も経っているけど、今だに使い続けているものばかり。本当にいいブランドでした。……白谷さん、もう一回sixeやってくれませんか？（笑）

No. 12

ソフネットのダウンベスト

実は、長く使えるアイテムとは、「めちゃくちゃかっこいい!」と単品で惹かれる洋服よりも、「強烈に惹かれはしないけど、悪いところがない」ものだったりします。そもそもおしゃれとは「単体」ではなく「全体」だと書いてきました。男性はついついアイテムを「単品の美しさ」で判断してしまうので（スニーカーマニアなどはまさにそうなのですが）、パターンやデザインを愛でる傾向があります。しかし、「単体」を全体のコーディネートに当てはめてみるとチグハグなことが往々にしてあります。シルバーアクセサリーのマニアも典型例ですね。趣味としては素晴らしいのですが、おしゃれとは文脈が異なります。ソフのダウンベストはそういった「単体の美しさ」や「部分」を追求したものではなく、ジャケットの上に着ても、パーカーの上に着ても、デニムを合わせても、スラックスを合わせても器用にコーディネートにハマってくれる普遍性を追求した万能感があります。ラグジュアリーな艶をもった過度にドレスライクなダウンベストなど、ここ数年の流行ですが、もともとワークアイテムであるダウンベストは、単体の美しさを求めた過度な艶感よりも、このくらいのシンプルな見た目のほうが使いやすい。style31やstyle32のように、冬はジャケットやレザーの上に、春はシャツやカットソーの上に合わせて3シーズン愛用できるシンプルなダウンベストが一着あると便利。ソフのなかでも「パーマネントプロダクト」という通年展開の定番品であるこのモデル。「めちゃくちゃかっこいい!」というわけではないのですが、「整える」アイテムとして長く使える佳作です。

No. 13

トムフォードの眼鏡

ブランドを再興した立役者、グッチの元デザイナーであるトム・フォード。華奢な女性らしい色気ではなく、マッチョで男らしい「色気」をつくらせたらこの方の右に出る人はいないでしょう。中田英寿をはじめ、数々の著名人が愛用する高級アイウェアの代表格である「トムフォード」。艶のある肉厚フレームにギラギラとしたゴールドの「T」マークが目立つデザインは、かけたことのある方ならわかると思うのですが、存在感が抜群。地味なデザインに艶感が加わると途端に目立つんですよね。よれたカットソーやデニムでも、このメガネをかけるだけで「業界人風」に見せるほど迫力があります。私も取引先など、初めて会うときには頻繁にこの眼鏡をかけています。というのも、もともと童顔で実に日本人らしい幼い顔をしているため、20代に見られてしまうことも多く、舐められないようにするため眼鏡で迫力をつけているのです(笑)。アイウェアブランドはいいものがたくさんあり、海外ではアランミクリ、国内生産ならジャポニズムやフォーナインズなどなど。しかしこの「マッチョな色気」はトムフォード特有のものでしょう。ほかのブランドにはない存在感と「オレ、仕事できるんだぜ?」的な妙な説得力があります。また、この眼鏡をかけていると「それ、トムフォードですよね?」と言われることも多いです。ちょっとハクがつく、私の数少ないハッタリアイテムです。また、トムフォードはジェームズ・ボンドが着るスーツをデザインしたり、自身も2009年に『シングルマン』で映画監督デビューを果たすなど、一般にも幅広く名前を知られることとなりました。

No. 14

グラミチのショーツ

もともとアメリカでクライミングウェアとしてデビューしたグラミチ。今ではカジュアルウェアとして日本国内でも幅広く支持されています。はき心地やつくりの丁寧さについては公式サイトに任せるとして、私がこのグラミチを選ぶ理由は単純にシルエットが素晴らしいからです。膝下丈のショーツは脚が短く見えるので、膝より少し上の丈がベストだと書きました。また裾幅はあまりにもぴったり細いと視覚効果でずんぐり体型に見えてしまいます。この「やや広めの裾幅」で「膝上丈」という条件を完璧に満たすのがグラミチです。とくに近年リリースされたNN-SHORTSというモデルは、通常のグラミチショーツよりもわずかに細く仕上げられ、日本人の脚をキレイに見せてくれるショーツです。販売サイトなどによって異なりますが、値段も7800円前後と手頃。まさにマストバイなアイテムです。販売サイトには「ガゼットクロッチのおかげで180度の開脚が可能な画期的デザイン」と機能性を謳った宣伝文句が目をひきますが、訴求ポイントはstyle21のように「シルエットが最高、脚長に見えます。大人こそはくべき」という点に尽きます。繰り返しになりますが、クライミングにおいては重要な機能であっても、カジュアルアイテムとしてはなんの訴求力にもなりません。そもそも〝ガゼットクロッチ〟の説明もなく、ブランドのプレスリリースをそのままコピペしたような販売サイトはもう少し使用者目線に立って商品説明をしてほしいものです。話がそれてしまいましたが、ショーツが子供っぽくて似合わない、といった抵抗感のある方にこそ試してもらいたい名品です。

No. 15

アノーニモの腕時計

長年私の左腕に花を添えてくれる相棒でもある機械式時計。「アノーニモ」とはパッとしない名前ですが、かのパネライの創業者ディノゼイ氏が立ち上げた時計ブランドなので、イタリアではそこそこ有名なようです。時計マニアなら「パネライじゃないの?」と思ったかもしれません。それもそのはず、昔パネライが使っていた工房でつくられているそうで、見た目も出来も酷似しています。ブランド名の「ANONIMO」は「無名」という意味で、時計本体にもブランド名がどこにも刻印されておらず、「無名」を貫いています。ルイ・ヴィトンのLVマークのごとく、アイコン化するのが普通のブランド商売ですが、シンプルで武骨なデザインで名前すら刻印しないという徹底ぶりは天邪鬼な私の心をつかんで離しませんでした。ほかにも時計マニアが喜びそうな薀蓄がたくさんあるのですが、私がこの時計に惹かれたのはそういった機能性や物語よりも、あくまでこのシンプルで武骨な見た目です。普段ドレスライクなロングコートやテーラードジャケットをよく着るのですが、腕元がラグジュアリーな時計ではありきたりです。こういった武骨で男らしいダイバーズウォッチのほうが意外性とミックス感があっていいだろうなと思いエイヤッと購入したのです。24歳のころに40万円ほどだったので今から思うとなかなか背伸びした買い物だったのですが、もう10年近く愛用していて、元は十分にとったのかなとも。chapter2でも書いたとおり、腕時計は唯一意味のあるアクセサリーです。前章のTシャツ一枚のコーディネートにおいても存在感を発揮しているかと思います。

Another side of fashion industry

chapter 5 ファッションの裏側

業界を知れば服がよりわかる

国内アパレルの市場規模は約９兆円と巨大です。そんな巨大なマーケットに対して、消費者として抜け目なく振る舞うためには、ちょっとした知識やコツが必要です。長らく業界に携わってきた私が、その「裏側」をお伝えします。きっと役立つ情報があるでしょう。

［買い方のコツ］

服は「いつ」買うのが正解なのか？

はやっているアイテムは「いつ」買うべきなのか？　ひとつの流行というトレンドのなかで、どのタイミングで買うべきか、という問題はなかなか奥深いものがあります。その問いに答えるために、まずは「流行」がつくられていく過程から検証していきましょう。

そもそも「流行」はどこから来るのでしょうか。

流行には源泉があり、そこからシャワーのように降り注ぐのですが、もちろん、最上流はパリやミラノのコレクションブランドです。ここから発信された「流行」は、シャワーのように下層に向かって広がって波及し、最終的には最下流である格安量販店などにおりていきます。なかには「流行」を完全に無視したブランドもありますが、多くは意識的にせよ無意識的にせよ、上層にあるデザインの影響を受けています。

例えば、「ギャル男」を思い出してください。ギラギラした艶のあるテーラードジャケットに、ダメージ加工を施したジーンズ、とんがったレザーのドレスシューズ、柄シャツをはだけ胸にはロザリオ、大きなバックルのベルト……

しかし、これらは「ギャル男」が独自につくりだしたものではありません。

源泉は、ミラノコレクションの代表ブランド、ドルチェ＆ガッバーナが2004年の春夏シーズンのコレクションで打ちだしたスタイルにあります。当時のドルチェ＆ガッバーナはミラノ発で飛ぶ鳥をも落とす勢いのコレクションブランド。人気デザイナーズランキングなどでも必ず上位に入る、名実ともに「トップブランド」でした。締めつけられるくらい細いシャツをはだけて、ボロボロの太いデニムを合わせるという、「モード」と「カジュアル」のバランスのとり方が非常にうまく、またどんな人でも容易に落とし込めるために幅広く支持されました。

今でこそこういったスタイルは「ギャル男」の代名詞ですが、当時はもちろんそんな言葉はありません。2003年ごろからドルチェ＆ガッバーナがこういったスタイルを打ちだし、一般層には「セレブカジュアル」という名前で広がっていき、そして最終的に「ギャル男」として定着したのです。

流行はどこから来てどこへ行くのか

流れを追うとこうなります。

「ドルチェ＆ガッバーナが打ちだしたカッコいいデザイン」↓「コレクションを見たバイヤー、モデル、スタイリストなどが真似をしはじめる」↓「需要を察知して、一段下の階層のブランドがデザインを真似する」↓「一段下の階層のブランドの顧客が着はじめる」↓「高くて買えない人のために二段下の階層のブランドが真似をしてデザインをする」↓「二段下の階層のブランドの顧客が着はじめる」↓「大量生産型のお店でも並びはじめる」。

このような流れで拡散し、おりていきます。私はこの現象を「流行のシャワー効果」と呼んでいます。もう一つ例を挙げましょう。

メンズファッションを知っている人なら、ディオールオムをご存じでしょう。2000年代半ばから後半にかけてメンズファッションに強烈なインパクトを与えたブランドです。2004年ごろまでは、それこそドルチェ＆ガッバーナのような〝ギラギラ〟したラグジュアリーブランドがトレンドでしたが、ディオールオムの登場によって流行は一変。女性のように細いパンツに、極端に短い丈のジャケットなど、それまでの「力強いラグジュアリースタイル」の反動から「ナイーブで頼りないカジュアルスタイル」がトレンドとして登場しました。ここで、のちのメンズファッションに多大な影響を与える一大トレンド、「スキニーデニム」が生まれたのです。

今でこそ、スキニーはユニクロでも売っていますが、その源泉は2005年ごろのディオールオムにあります。近年の「流行のシャワー効果」のなかではもっとも長く、かつもっとも下層までたどり着いたトレンドだと言えるでしょう。もちろんそれまでも細身のデニムは存在しましたが、「肌に吸いつくように細く」といったスキニーのように極端なものはありませんでした。当時はとくに1990年代のルーズなストリートファッションを引きずっていて、「メンズのボトムはゆるめ」という感覚がありました。それをディオールオムが一変させ、市場にはまだその余韻が残っているわけです。

「劣化していないコピー」を見つけよう

ここで大事なことが一つあります。流行は、模倣を重ねて最下層にまでおりてくるのですが、劣化がつきものです。少しずつ少しずつ源泉から離れ、デフォルメされたデザインになります。細部が無視され、素材が無視され、本来の意味が無視されて、ただ「なんとなく似ている」だけのものになります。

そうなれば、もはや源泉とは別物、なんとなく似ているだけの偽物です。ギャル男のトレンドがまさにそうで、トンがった靴をさらに尖らせて、ボロボロのデニムに装飾を加え、艶のあるジャケットをテカテカにして、模倣のなかで「大衆にわかりやすいように」と本質を理解することもなく誇張した結果、おしゃれとは言いがたい単なる特徴的なファッション、一種のコスチュームに成り下がってしまうのです。本質を捉えずに模倣を続けると、それは劣化を伴ったまったく別のものになります。

だからといって「本物を着ろ」と言いたいのではありません。そういった流行の源泉とも言えるオリジナルは大変高価です。最先端のパリコレクションの服を着る必要はありません。

大原則とルールをマスターしたあなたが、次にやるべきことは、「なるべく劣化していないコピー」を見つけだすことです。ギャル男のように、過度に誇張されたものではなく、本質だけ模倣したものを見抜くことです。そして、そういったものは意外とユニクロにもあったりします。

情報の伝達が発達し、海外コレクションのトレンドに敏感な人が増えてきました。「流行のシャワー効果」は近年スピードアップし、ユニクロもそういった感度の高い人の増加を見越してデザイナーズブランドとのコラボレーションを強化し、通常展開品であっても「これユニクロ?」と思わせるような「劣化していないコピー」をつくっています。

しかし実際は、星の数ほどある洋服のなかから、「なるべく劣化してないコピー」を見つけることは難しいものです。そのために私は日々「本質を捉えた良品」を探し続けています。流行には源泉がある。いいものとは、過度に誇張されていない本質を捉えた模倣品を探すことである。そういったことを端的に伝えているのが、毎週発行している私のメールマガジンです。まだまだ自信がないという方や、一緒に勉強したいという方はぜひご一読ください。

店に「いつ」買いに行くべきなのか

洋服の流行から「買うべき服」のイメージはできたと思います。では、具体的に、お店には「いつ」買いに行くべきなのでしょうか？

これには明確な答えがあります。ブランドによって多少の違いはありますが、多くはこのようなスケジュールで新作展開とセール展開がはじまります。

・1～2月ごろ／春夏の新作発売開始
・6～7月ごろ／春夏のセール開始
・8～9月ごろ／秋冬の新作発売開始
・1月ごろ／秋冬のセール開始

いちばん商品が揃っているのは、春夏なら2月、秋冬なら9月です。どこのブランドやショップも春夏は1～2月、秋冬は8～9月に多くの新作商品を発売します。しかしこの時期は、まだ一般客は新作に興味がありません。なぜなら、春夏が出る2月はまだ寒く、秋冬が出る9月はまだ暑いからです。しかし、このタイミングで店に行くと、実際の需要とは相反して、びっくりするくらい新作が揃っています。これは売り手側からすれば当然で、「売り期」を意識しているからです。

ブランドやショップは、商品をセール価格よりも定価で販売して、利益を確保することが第一義です。「少しでも多く定価で販売したい」となれば、定価販売の時期を可能な限り長くとります。一般客が「まだ2月なのに、春夏ものなんていらないよ」と思ったとしても、「ファッション中毒」と言われるような人たちは、すでにセール品に飽きていて、「早く新しい服が欲しいなあ」と思っている時期でもあります。

限られた需要ではあるのですが、少しでも長く販売期間をとりたいため、ブランドやショップはかなり早い時期に新作のリリースを開始するのです。また、そういった「ファッション中毒」の方々は、発売直後にお店に足を運んで良品を根こそぎ買ってしまうので、春夏ものなら3月、秋冬ものは10月にはすでに一部の人気商品には色欠け、サイズ欠けが起きています。「ファッション中毒」の方々は、さすがに目が肥えているので、「今年はいいものを手に入れたい」と思うのであれば、彼らと同様に少し早めに動くことが肝心になります。

新作が揃う2月と9月が買いどき

「売り切れたら追加生産すればいいじゃないか?」「なんで早い時期に欠品するような数しかつくらないの?」と思うかもしれません。しかし、アパレルにとって追加生産は容易ではありません。一般的なブランド、ショップは基本的に縫製を他社の縫製工場で、生地の生産も他社の生地屋を使っています。一つの商品を複数の会社が手がけているので、シーズン途中で追加生産したくとも、縫製工場は「急に言われても工場のラインに空きがない」となり、生地屋は「生地のストックがない」となります。必要なときに必要なものをつくる、といった需要に応じて的確に生産することが難しく、業界では積年の課題となっているのです。

また、そういった背景があるため、洋服は通常、商品企画から店頭に並ぶまでに3か月から半年程度を要します。「なんで欠品するようなギリギリの数しかつくらないの？」といった疑問には、流行の移り変わりが激しい業界において、半年後に「この商品が何点売れるかわからない」という身も蓋もない回答になってしまうのです。

だから、店員の「これ、あと一点しかないんですよ」という決まり文句もあながち嘘ではありません。

長くなりましたが、「新作が揃う2月と9月が買いどき」です。「ファッション中毒者」が根こそぎ買って欠品を起こす前に足を運ぶべきであり、たとえ売れ筋であっても欠品したら追加生産はないと考えてください。

セールは1週間が勝負

最初に言っておきますが、セール品とは基本的に余りもの、売れ残りです。定価販売の時期に誰もが手にとらなかった売れ残りであることを理解してください。もちろん、だからといってセール品は粗悪な品しかないと、極論を言うつもりはありません。

例えばLサイズだけが残っていたり、前述のように需要を読み違えて過剰に生産した商品が余っていたり、「良品がたまたまセールに残っている」というケースもあるので、「セールで買うな！」とは言いませんが、しかし、良品を手に入れたければ、セール開始から1週間が勝負です。

至極当たり前ですが、消費者は経済合理性に基づいて行動します。洋服好きな人々は「早い時期に動いたほうが得をする」、あるいは「セールは初日がいちばん」という論理で動きます。セールは基本的に「余りもの」で、限られた在庫を奪い合うので、本当に早い段階に動かなければ、「余りものの余り」をつかむことになってしまいます。

そういった意味で良品が店に並ぶ期間は1週間だと思ってください。セール開始から1週間もすると良品は極端に減ります。夏のセールであれば6月末から7月の初週、冬のセールであれば12月末から1月初週までです。

また、セールも終盤になると、ショップは残りものを集めて「70％ＯＦＦ！超お得!!」といった爆発セールを開始しますが、これは無視しましょう。そもそも「70％オフ」ということは、「70％オフの価値しかない」ということです。その時期まで売れ残っているということは、定価販売の時期はもちろん、セール期にも動かなかった在庫です。

洋服の製造原価は定価の30％ですから、「利益がでなくても叩き売りしよう」と認識された、市場的に言えば「ハズレ」です。いくら安いものであっても、すぐに着なくなるであろう服を買っても仕方ありません。お金はとっておいて新作の発売時期に気に入ったものを買ったほうが余程価値のある買いものができます。「セールは開始から1週間が勝負」と覚えておいてください。

福袋を買ってはいけない

また「福袋は買うべきですか？」という質問をよくいただくのですが、基本的に買うべきではありません。10年以上アパレル業界にいて、何十何百ものブランドやショップの福袋を見てきましたが、「これはすごい！　お得すぎる」なんてものにには巡り合ったことがないからです。

福袋を買った方に、「入っていた商品を漏れなくすべて愛用した経験がありますか？」と聞けば、答えはおのずと出るでしょう。

なぜ「福袋」をつくるのかといえば、見せると買ってもらえない売れ残りだからです。そんな売れ残り中の売れ残りであることを隠してまとめて販売するのが福袋の実態です。なかには「宣伝効果を狙っていいものを入れているブランドもある！」といった都市伝説もありますが、これはアパレル業界に身を置く者なら誰でも嘘だとわかります。なぜなら「普段、定価で商品を買っている客層」と「福袋を購入する客層」は異なるからです。正月に福袋を購入する客は、普段その店で購入していない客です。そのショップやブランドで購入している客は、福袋の時期にはすでに欲しいものは手に入れているので、わざわざ期待値の低い福袋を買う必要がありません。

福袋を買おうか悩むブランドとは、「普段は買えない高いお店だけど、福袋なら……」と思っているような店だと思います。実際、そういう客が多いので、多くのショップやブランドは「普段買いに来ない客層」を舐めてかかって福袋には「余りものの余り」を入れておくのです。残酷ではありますが、どうせ普段買ってもらえないのですからやむをえません。

また、「宣伝効果を狙って良品を福袋に入れる」のが正しいなら、わざわざ隠す必要はありません。70%ＯＦＦで広告に出すなり、ブログに載せるなりしたほうが余程宣伝効果が期待できます。経済合理性を考えれば「福袋は買うべきではない」ということが一目瞭然かと思います。

［買い方のコツ］

狙い目のブランドとは？

H&Mやザラなど世界を席巻するファストファッションブランドは「来るたびに商品が変わる」という激しい入れ替え戦略を採っています。「商品企画から店頭に届くまで数週間」という驚くほど短いスパンで新商品をリリースしています。一般的にアパレルの商品開発期間は、企画から3か月〜半年かかるので、いかに驚異的な短さであるかわかります。文字どおり「ファスト」です。それだけにトレンドをいち早く押さえ、市場が求める洋服を求めている時期に届けることができる。それが彼らの強みです。

前項のとおり、一般的なブランドは「商品開発期間が長く、需要に応じて的確な追加生産ができない」というデメリットを抱えています。しかし、ファストファッションブランドは「これが売れる」と思ったら数週間程度で生産して店に届けることができます。トレンドを素早く察知し、売れている商品を分析し、最短で需要があるものを届けているのです。こうして「需要にスピーディーに対応できない」というアパレル業界が長年抱えていた課題をあっさりと解消してしまったため、市場はファストファッションに席巻されています。「欲しい」と思った商品や、ほかのショップでは完売しているデザインが、驚くような低価格で必ずあるので、多くの既存ショップやブランドが売り上げ低下に瀕するのは当たり前です。ファストファッションに対抗して需要にスピーディーに対応できるように生産体制を見直していますが、今までの体制を抜本的に変えるほど体力のあるブランドは多くなく、駆逐され続けているのが現状です。

ユニクロとH&Mはどちらを買うべきか

これらの流れとはまったく異なる独自路線を貫いているのが「ユニクロ」です。ユニクロは「ファストファッション」として語られることが多いのですが、指摘したとおり、「スローファッション」と表現すべき存在です。

ユニクロは一般的なブランドよりも遥かに長い期間をかけてアイテムをつくります。「ファストファッション」のように「短期間で今、売れるものをすぐつくる」のではなく、「ロングスパンで長く売れるスタンダードをじっくりつくりだす」ことに心血を注いでいます。事実、代表アイテムであるフリースなどは非常に長い開発期間を設けてリリースし、毎年変わらず数千万枚単位で販売される長ロングヒット商品です。デニムしかり、カシミヤニットしかりです。

ユニクロは自社の洋服を「部品」として見ています。コーディネートの主役ではなく、ベーシックでいつまでも使える「部品」として提案していく考えです。そのため長く使える品質と、トレンドに左右されない「誰もが納得できる」

デザインとシルエットを長い開発期間のなかで策定していく戦略です。

「H＆Mはペラペラ」「ザラはカッコイイけど長く着られない」という声をよく聞きますが、「ファストファッション」なので当然なのです。「今が旬のものを手頃な価格で素早く提供」することを重視しているので、「なんとなく今っぽい」ものを選ぶには重宝しても、長く愛用できるベーシックなアイテムには構造的になりえないのです。

こういった話をすると「どちらがいいのか?」という疑問に行きつきます。H＆Mなど「ファストファッション」はトレンドを求めすぎていて「着捨てる」服ですが、一方のユニクロや無印良品など「スローファッション」はベーシックすぎて「無個性」な服が多いのも事実です。うまく使い分けるのが得策ですが……実はこれらの二要素をミックスした、「いいとこ取り」の商品があるのです。

ユニクロの大型店特別商品を狙え

それが「ユニクロの大型店特別商品」です。ユニクロは「万人が満足できる服」を目指しているため、大半は「形が惜しい」ことになります。デザインや素材がよくても、おじさんから中学生まで着るシルエットなので、肩幅や身幅、裾幅がゆるめだったり、「いかにもユニクロ」っぽい無難な形が多い。しかし、同じユニクロでも「大型店特別商品」には「大当たり」が存在します。

ユニクロが展開する商品は店舗ごとに異なっていて、ある規模を超えた店舗は「大型店舗」(超大型店、大型店など細かく区分あり)と指定され、他店舗にはない「大型店舗」ならではの限定商品を展開することがあります。これが「大型店特別商品」です。

大型店にはさまざまなニーズを持った客層が来店するため、ファッション感度の高い優れたアイテムを少数ながら導入しているのです。普段数万円の洋服ばかりを買っているファッション中毒の人でも「……あれ? ユニクロだけどイケてるじゃん」と、ふと思わせるような「仕掛け商品」が展開されています。chapter2でオススメしているスキニーパンツも「大型店特別商品」ですし、世界的なトップデザイナー、ジルサンダーとのコラボライン、「+J」シリーズも大型店特別商品でした。ベーシックで長く使える品質だけど、トレンドも踏まえている、まさに「いいとこ取り」です。賢く手頃な出費でおしゃれに見せるには最適なラインナップと言えるでしょう。

アパレル業界には「ユニクロもH&Mも大嫌い!」「彼らは服ではなく工業製品をつくっている」といって批判する向きもあるのですが、答えは市場が決めるものです。ユニクロのように製品開発に心血を注いで「新しいベーシックをつくろう」という気概もなければ、H&Mのように「欲しいものをすぐにつくる」という適応性もない中途半端な存在だからこそ、そういったブランドは窮地に陥っています。ファストファッションの服を「工業製品」と揶揄するのであれば、その「工業製品」に大敗を喫している自社製品の価値のなさを真摯に省みなければなりません。

アパレル業界はブレイクスルーを迎えています。私をはじめとした消費者は、ファストファッションを器用に賢く使おうとしています。この動きに抗えるだけの価値を持ったブランドが今後たくさん出てくることを期待しているのですが、もう少し時間がかかりそうです。

ファクトリーブランドを狙え

「ブランド品は高くて手が出ない」「安くていい品を手に入れたい」とは誰しもが思うことです。そこでオススメしたいのが「ファクトリーブランド」です。

ファクトリーブランドとは要するに「高級ブランドの下請け工場がつくったオリジナルブランド」のこと。chapter2では靴のオススメとしてパドローネを挙げました。これまで述べたとおり、ブランドはすべて自社で製品をつくっているわけではありません。靴は靴屋に、カットソーはカットソー屋に委託して、すべての生産技術を自社で抱えているわけではないのです。また品質を求めれば、一から生産技術を構築するよりも、靴なら靴を専門につくっている職人に頼むほうが早いわけです。そういった「高級ブランドの製品」を下請けとしてつくっていた工場や職人が、「高級ブランドほどのデザインセンスはないけど、シンプルな良品ならつくれるよ」と自社ブランドを立ち上げる、これが「ファクトリーブランド」です。

消費者としては、これ以上なくお得です。ファクトリーブランドは、高級ブランドのネームがなく、また工場が直で卸を行うケースも多いため基本的には低価格です。一流ブランドの製品と同程度の品質を低価格で手に入れることができるのです。いくつか紹介しましょう。

①マジェスティック

1992年にフランスで創業されたファクトリーブランド。カットソー専業として糸からこだわって生産していて、誰もが一度は名前を聞いたことがある世界のトップブランドのカットソーを生産していた経緯があります。「ファクトリーブランド」といっても長袖のカットソーで9000円ほどするので、そこそこお高いのですが、実物を見て触ってみると納得。到底9000円では買えないクオリティです。シルクのように柔らかいコットンや、艶感のある風合い豊かな「一枚で差をつける」アイテムを多くリリースしています。日本での流通量はさほど多くありませんが、「ファクトリーブランド好き」には有名で毎シーズン完売することも多々あるブランドです。

②バーシスブルック

ベルギーのファクトリーブランド。こちらも一流メゾンやデザイナーズブランドを手がけてきたブランドで、パンツを専門としています。ウエストにゴムを入れたイージータイプのパンツを得意とし、メンズ／レディースともに幅広く支持されています。こちらも日本での流通量は少なく、あまりお店で見かけることはありませんが、通販サイトなどで何件か取り扱いがあります。私も毎シーズン愛用しています。ちなみにパンツ専業といいながらもアウターなども手がけています。

③ハルシオンベルトカンパニー

イギリスのファクトリーブランド。ポールスミスやダファーなどのトップブランドのベルトを生産している工場のブランド。皮革製品はブランド品を買おうとすると驚くほど高くつくのでファクトリーブランドがオススメです。シンプルなものも多いですが、なかには遊びがすぎるバックルもあるので注意してください。なるべく細めでシンプルなものをチョイスするといいでしょう。

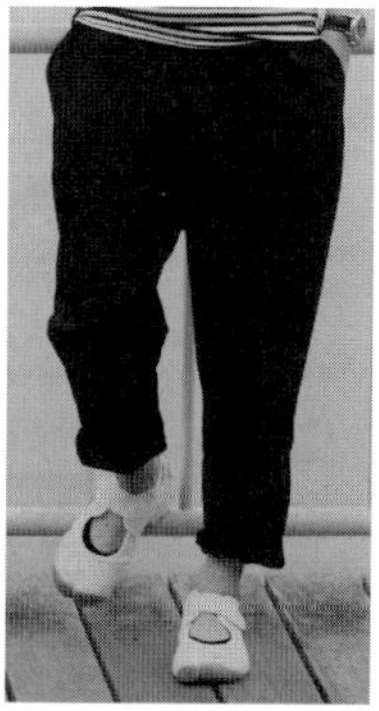
style05（P164）ほかでも着用

メッシュベルトが使いやすい

［捨て方のコツ］

捨てなければ買えない

さて、これから新しい洋服を買おうと思ったときに、クローゼットに新たなスペースをつくる必要があります。当然ながら、クローゼットは有限で、ドラえもんの四次元ポケットのようにどこまでも広がっているものではありません。時には、古い洋服を断捨離する必要があります。服を捨てることは、新しい服を買う準備でもあり、「おしゃれになるため」の第一歩と言えるのかもしれません。

本項では、「もう絶対に使えない！」という洋服を提案するので、当てはまるものがあれば勇気を出して捨ててください。あなたはこの本をなんのために読んでいますか？　多くの方は「おしゃれになるため」だと思います。「もしかしたらまだ使うかもしれない」とタンスの肥やしを増やすよりも、古い価値観を捨てて、新しい洋服を取り入れるほうが近道です。どうか勇気を出して古い価値観、今までの自分を捨ててみてください。もし今、あなたのクローゼットがパンパンであるならば、「おしゃれ」は捨てることからはじまるのかもしれません。

シーズンになっても1か月着ていないものは捨てよう

最初から厳しいことを言います。春夏服なら春夏、秋冬服なら秋冬、着るシーズンになったのに1か月以上袖を通してない洋服は捨てましょう。まずこれが大原則です。

物はあなたの考えを縛ります。新しい服を買うときに「パンツいっぱいあるし」「黒いシャツは持っている」「白シャツを何枚買うんだよ」と、手持ちの服が新しい行動に制限をかけかねません。

そもそも着ていない服は無価値です。それどころか、洋服一枚を収納するにも、家賃で換算するまでもなく、コストがかかっています。使わないものを死蔵するということは、お金を捨てていることと同じだと思ってください。

着用していない洋服は、今すぐに決断すべきです。

捨てるべきアイテム一覧

とは言ったものの、chapter2の「着こなし編」で語ったとおり、デニムパンツは「再生」できるかもしれません。「また着るかも？」と未練のある服もあるでしょう。そこで、まず服を捨てることに慣れるためにも、疑いようもなく「捨てるべきアイテム」を紹介します。耳の痛い方もいらっしゃるとは思いますが……我慢してバッサリいってください。

①ブーツカットのデニム。

膝から裾にかけて広がった形のデニムです。いくらベーシックスタイルがメンズファッションの特徴だといっても、もう10年以上も前から見かけなくなったブーツカットを今さらはくのはさすがにNGです。捨ててください。

今の時代は膝から裾にかけてテーパードした細い形のデニムが主流です。なるべくスッキリと細めに、ドレスライクに見せるのがポイントです。プロのバイヤーとして多くのブランドを回っていますが、裾が広がったブーツカットをリリースしているところはまず見かけません。どう着こなしても「一昔前の着こなし」になること請け合い。私でも再生できない〝自信〟があります。

今後の流行の移り変わりのなかで、ブーツカットが日の目を見ることもあるでしょう。しかし、肝心なことは「流行は繰り返すが、過去とは似て非なるものである」ということです。流行は螺旋状に変化をつけて繰り返されるものです。例えばクラッチバッグ。近年トレンドアイテムとして若い子たちに大流行し今では定番ですが、1980年代に使われていたものとは明らかに別のものです。今のクラッチバッグはシンプルなデザインと直線的な形状が多いのですが、当時、集金係のサラリーマンが小脇に抱えていた「セカンドバッグ」は、妙な金具がついていたり、袋状になったものでした。

「またはやるかもしれない」という考えも一緒に捨てましょう。仮に、5年後にはやったとしても、今持っているものとは、似て非なるものになっていると心得てください。

②折り返すとチェック柄が出てくるパンツ。

覚えたての「おしゃれ」にはついて回るやっかいな意匠です。身に覚えがある方も多いはず。裾を折り返すとチェック柄が出てくるパンツは、どこのブランドがはじめたのかわかりませんが、疑いようのない「即捨てアイテム」です。

初心者は「折り返すとチェック柄が出てきて目立つし、ほかとは一味違う」と考えがちですが、安っぽいことこのうえありません。

もちろんこれをカジュアルアイテムとして、トップスをドレスシャツ、足元をドレスシューズとバランスをとる方法もなくはないでしょうが、そういった理論とは別の次元で子供っぽい印象を与えます。後述するシャツの襟や前立ての裏地がチェックのものも危険だと思ってください。

③いつ買ったか忘れたカーゴパンツ。

とかくカーゴパンツには失敗がつきものです。ちゃんと明確な自信があって、「これはいい」と選んだカーゴパンツであればいいのですが、いつどこで買ったのか覚えていないようなものは危険です。

日本市場はとにかく、「ド」がつくほどカジュアルなアイテムが多いのですが、カーゴパンツもゴチャゴチャとデザインを入れて、古着加工をして、ドカンと太くて……といったアイテムが多く、それをトップスやシューズでドレスライクに着こなすにはそれ相応の「慣れ」が必要です。

カジュアルすぎて使いにくいカーゴパンツを持っているくらいならば、さっさと捨てて、ユニクロで細みのものを買ったほうが余程使えるでしょう。

④初めて買ったブーツ。

本書を読む以前に買ったブーツは、茶系のワークブーツが多いのではないでしょうか。これまで買ってきたアイテムは、主に「単体」のカッコよさで選んできたと思います。とくにブーツやスニーカーはその傾向が顕著で、ゴツゴツとデザインの入ったワークブーツが妙にカッコよく、また雑誌などでも推奨されていることから、店員の後押しがひとつでもあれば、エイヤッと買ってしまった経験は誰にでもあるでしょう。

しかし、おしゃれは「単体」のカッコよさではなく、「全体」のバランスだと再三指摘してきました。印象の強いデザインシューズは足元に視線を集めます。足元に視線を集めるとパンツとシューズの境界線をクッキリと指してしまい、脚が短く不恰好に見えます。

確かにワークブーツは「単体」で見るとカッコイイのですが、肝心なのは「全体」。ブーツは意外にも地味なものほど活用できます。

初めて買ったブーツのほとんどは、本書の提案からは外れたものだと思ってください。少しでも心当たりがあれば、思い切って捨ててしまいましょう。

⑤クロックスのサンダル。

すべてダメだと言うつもりはないのですが、おしゃれはできません。あの丸っこいフォルムの所々に穴があいたサンダルを履いた人が街で「おしゃれだね」と言われると思いますか？　本書でも何度か語っているとおり、街着でのおしゃれは「ドレス」という多少の緊張感を身にまとわねばなりません。クロックスのサンダルの破壊力は驚異的で、スーツスタイルで合わせても絶対に打ち消すことができない「カジュアル感」があります。とくに薄汚れたものの破壊力は計り知れません。

大変に便利なアイテムですし、着用感も心地いいのですが、どうやってもおしゃれにはならない、と考えてください。

⑥妙なデザインがついた白シャツ。

なぜかシャツのデザインで遊んだ商品は多く、とくに楽天系のショップで購入したものは注意が必要です。

襟の裏側に柄が入っていたり、襟が二重になっていたり、ボタン穴の糸が別色になっていたり、前立て（ボタンが並んでいる前部分）がチェック柄になっていたり……ひょっとするといちばん思いあたるアイテムかもしれません。

白シャツは重要な「ドレスアイテム」です。真っさらでシンプルなドレスシャツは、デニムやチノパンツなどカジュアルなアイテムをドレスに打ち消してくれる重要な要素です。その貴重なドレスシャツにあえてわざわざカジュアルを入れる必要はありません。シャツはまずシンプルでデザインのない白シャツを手に入れてください。

デザインに遊びのあるシャツは「ドレス」ではありません。大半が中途半端なものです。思い切って捨てることをオススメします。


と、明らかにアウトなものを指摘してきたのですが、本書をここまで読み進めてきた方なら、すでに自分のなかで基準ができつつあると思います。それでも、茶系の革靴はどうなのか？　色落ちしたデニムパンツはまだ使えるのか？……と迷うならば、ドレスなアイテムと合わせて「全体」を見てみましょう。「なんかしっくりこない」のであれば、捨てて問題ありません。しっくりこないものを未練がましく着る必要なんてないのですから。「でも高かった」というのであれば、ユニクロに行ってみましょう。ロジックを身につけたあなたなら、代わりに買うべき洋服がもうわかっているはずです。

おわりに

本書を執筆しているさなか、とても悔しかった記憶を振り返っていました。それは私が学生のころ、ある洋服屋に入ったときに「そんなダサいカッコでウチにきたの?」と小馬鹿にされた思い出です。

洋服を勉強中であった私は、とてもとても悔しく感じました。確かにそのショップスタッフはおしゃれで……何も言えない自分にも腹が立ち、それと同時に「おしゃれな人はそんなに偉いのか?」「人をバカにするほどのものなのか?」と感情が蠢き、いろんな言葉が頭をよぎりました。

こうした「外見に自信があることで調子づく人たち」は少なからず存在しています。「あいつはダサい」と言って優位に立ったつもりで、他人をせせら笑う人たちです。自分に自信を持つことはいいのですが、それで他人を蔑んだり、バカにすべきでないことは明白です。洋服という「外見」は、他者と区別しやすく、優越感を得やすいことも事実でしょう。

しかしだからこそ、私はあのときのショップスタッフのような「外見こそおしゃれでも内面は汚らしい人」には、絶対になるまいと誓ったのです。

見た目もよくて優しい人が最強です。世の中には見た目がいくらよくても中身が伴わない人や、反対に中身がよくても外見を気にしない人もいます。しかし、ちょっとしたことでどちらも得ることができるのです。「中身」は少しの気配りで伝わります。「ありがとう」と言えばいい。相手を慮って少しばかり工夫をしてあげれば十分です。隣の人が重い荷物を持っていたら「持ちましょうか?」、具合の悪そうな友人がいれば、「大丈夫?」と気遣うだけでいいのです。

「外見」はもっと簡単です。本書をここまで読んでくださった方ならもう一度説明する必要もないですよね?


私は「おしゃれで見た目がよくて優しくて……そして、かつての自分のように困っている人を助けるように、おしゃれを教えることができるような知見を持とう」と思ったのです。そして今それが、少しばかりではありますが、実現しているのかなと思いつつ筆を進めてきました。あのときのショップスタッフにも感謝しなければなりません。

と、ここまで書いておいてなんですが、おしゃれなんて「たかが洋服のこと」です。人生にはもっともっと大事なことがあり、それは家族、友人、恋人、仕事、日常生活です。しかしそれらが「たかが洋服のような外見のこと」で損をしているのであればあまりにももったいないと思います。洋服を知れば、着こなしを知れば、人は活発になり、堂々と振る舞えます。

私は本書を通して洋服のロジックを語ることで日本人のおしゃれの底上げを図るとともに、こうした人生のほんのわずかな一助になればと思っています。たかが洋服であっても、喜びや楽しさに満ち、人生を豊かにしてくれるのがファッションです。簡単でありながらも奥深く、魅力溢れる世界をわずかでも多くの人に伝えられたのであれば望外の幸せです。

そして最後に、本書の出版にあたり、尽力いただいた扶桑社をはじめ関係者の方々、支えてくれた家族、友人知人、そして何よりＷＥＢサイト、メルマガの愛すべき読者に心から心から感謝いたします。

インフォメーション

『最速でおしゃれに見せる方法』はいかがでしたでしょうか。本書は「おしゃれの教科書」として私のロジックをコンパクトにまとめたものです。第一歩としては十分すぎる内容だと自負していますし、本書を参考にすれば、街を歩いても「あの人おしゃれだよね」というレベルには十分達することができるでしょう。自信を持ってください。

さらにおしゃれに興味を持ってより詳しくなりたい！と思った方、具体的なアイテムを知りたいという方、また自分のコーディネート診断をしてほしいという方は、ぜひ毎週配信している私のメールマガジン『最も早くオシャレになる方法　現役メンズバイヤーが伝える洋服の着こなし&コーディネート診断(http://www.mag2.com/m/0001622754.html)』をご購読ください。

毎週4万から5万字程度、雑誌以上の大ボリュームで洋服や着こなしを解説。ユニクロや無印良品などの格安アイテムだけでおしゃれに見せる企画「ファストファッション・マストバイ」や、「手持ちのこのアイテムは使えるの?」「この服は使いやすい?」「これはどう合わせればいい?」などさまざまな疑問、質問に回答するQ&Aコーナー、投稿したコーディネートを診断するコーナーなども設け、読者を徹底的にサポートする内容となっています。

メルマガは月額540円ですが、これは「ワンコインで雑誌を買う感覚で読み続けてほしい」という想いから設定させていただきました。保守的なメンズファッションとはいえ、新しい洋服の解説、ブランドやショップ紹介なども必要でしょう。また大きな流行や変遷があった場合にはロジックの補足情報も必要かと思います。月に雑誌を一冊買うよりも安く、雑誌以上の満足度を得ていただけるよう心血を注いで配信を続けています。また、おしゃれは仲間がいるとより楽しくなります。メルマガを端緒に読者の皆様がSNSなどでつながっていくと、執筆の励みにもなりますので、どんどん交流してほしいと願っています。

MB

プロバイヤー、プロブロガー。バイヤーとして100以上のブランドと取引経験があり、ブロガーとしては「おしゃれの教科書」ともいえる誰もが実践可能な論理を綴ったサイト『現役メンズバイヤーが伝えるオシャレになる方法　KnowerMag』を運営。2014年度より有料メールマガジン『最も早くオシャレになる方法　現役メンズバイヤーが伝える洋服の着こなし&コーディネート診断』を発行。日本最大手のメルマガ配信サイト「まぐまぐ」にて人気ランキング4位を獲得し、2014年度「まぐまぐ大賞」を受賞。ニコニコ公式チャンネル『MBチャンネル』にて動画配信、『日刊SPA!』『WebNewtype』『メンズジョーカー・プレミアム』などの媒体でも執筆を行っている

最速でおしゃれに見せる方法

2015年 9月20日　初版第一刷発行
2017年 4月20日　　第十一刷発行

著　者　MB
発行者　久保田 榮一
発行所　株式会社 扶桑社
〒105-8070　東京都港区芝浦1-1-1　浜松町ビルディング
電話　03-6368-8875（編集）
03-6368-8858（販売）
03-6368-8859（読者係）
http://www.fusosha.co.jp/
デザイン　西田周平
撮　影　難波雄史、本多誠、福本邦洋、岡戸雅樹、山田耕司
DTP　株式会社 Office SASAI
印刷／製本　株式会社 廣済堂
編　集　犬飼孝司

 ISBN 978-4-594-07336-7